Harald Havas

FURIOSES
WIEN

Inhalt

Vorwort	7
Kanalratten	9
Big in the USA	14
Rathausmann im Eisen	19
Die unsichtbare Invasion	28
Perfekte Ausrichtung	36
Rauten-Geschichte(n)	43
Südosttangente, exterritorial	50
Wien, eng	56
Alt, aber veraltet	58
Wiener Höhen und Tiefen	67
Kulinarisches Wien	75
Natürlich Wien	85
Pizzabotenverwirrung	97
Wie Wien heißt	100
Wien am Sand	104
Da Asterix und seine Hawara	117
Die Farbe Blau	127
Ein echter Wiener	133
Flache Denkmäler	138
Hofburg gesucht	147
Sex and the City	153
Wien, radial und tangential	165
Augenbrauen und andere Steine	176
Kunst und Kultur, unterirdisch	182
Kahlenbergverwirrung	188

Vorwort

„Bestattung Wien heizt neue Zentrale mit Leichen" betitelte die Kronen Zeitung im Jänner 2011 einen Artikel. Und fügte noch hinzu: „Zündende Idee?" Sah man sich die Sache genauer an, war der Schockfaktor der Faktenlage freilich weitaus geringer. Die gerade in Bau befindliche neue Unternehmungszentrale der „Bestattung Wien", zwischen Zentralfriedhof und Urnenhain gelegen, soll die Abwärme des Krematoriums zu Heizzwecken nutzen. Und wenn man weiß, wie viel Hitze vorab notwendig ist, um einen Sarg plus Verstorbenen zu kremieren, dann weiß man auch, dass die positive Energiebilanz, welche diese beiden Elemente in den Verbrennungsvorgang einbringen, denkbar gering ist. Vor der Verbrennung muss üblicherweise ein sogenannter Muffelofen auf gut 900 Grad vorgeheizt werden, dann verbrennt der Sarg. Danach wird noch ein Gasbrenner mit 1200 Grad dazu benutzt, die letzten Reste zu veraschen. Wer also in Zukunft Wärme (und potenziell auch Strom) in dem neuen Gebäude nutzt, braucht sich nicht dem makabren Gefühl hinzugeben, von Verstorbenen gewärmt und eventuell auch beleuchtet zu werden.

Dennoch zeigt dieses Beispiel sehr schön, dass das Kuriose und – in diesem Fall auch tatsächlich – Furiose sowie natürlich auch das Makabre in Wien definitiv noch lange nicht, pardon, aussterben.

Und so präsentiere ich gerne den geneigten Leserinnen und Lesern nach dem überaus gnädig von ihnen aufgenommenen „Kuriosen Wien" nun untertänigst die Fortsetzung.

Alle Geschichten, von ganz alt bis brandneu, lavieren inhaltlich zwischen erstaunlich, interessant und vielleicht stellenweise auch banal, angesiedelt am Rande des international erfolgreichen literarischen Genres des sogenannten „Nutzlosen Wissens". Dazu stehe ich auch, ist mein Ziel doch in erster Linie die Unterhaltung und das Staunen der Lesenden. In zweiter Linie finde ich aber, seit ich mich auf diesem Gebiet betätige, immer öfter, dass gerade ein derartig zusammengewürfelter, schräger Blick auf scheinbar Bekanntes und Vertrautes dazu anregt, neue Synapsenverbindungen zu schließen, neue Erkenntnisse vor allem philosophischer Art und neue Querverbindungen zu entdecken. Irgendwo zwischen dem aus der Psychologie bekannten „Aha"- und dem von mir postulierten „No na"-Erlebnis.

In diesem Sinne viel Spaß, gute Unterhaltung und einen lustvollen Erkenntnisgewinn.

Harald Havas

Kanalratten

Wer heute den Begriff Wienfluss hört, denkt in erster Linie an ein seichtes Gerinnsel, das vom Westen kommend unter dem Naschmarkt, genauer gesagt unter dem Flohmarktareal, verschwindet und im Stadtpark wieder auftaucht. Bewohner des westlichen Teils der Stadt kennen die Wien auch als Hindernis, das mithilfe zahlreicher Brücken überwunden werden kann und muss, aber auch als Freizeitzone mit Spazierwegen, wenn auch als eine größtenteils eher uncharmante. Das zu ändern, ist schon seit Jahren ein Bestreben der Stadt. Bis aber das ganze Kanalbett als Erholungsgebiet inklusive Radweg genutzt werden kann, wird wohl noch so einiges an Wasser die Wien hinunterfließen. Aber schon heute treiben sich, zumal nachts, bereits wieder eine erstaunlich große Vielzahl an tierischen Mitbewohnern der Stadt im und um das Flussbett herum. Wie auch immer.

Was man heute kaum mehr ahnt oder weiß: Einst war die Wien ein gefährlicher und zu recht gefürchteter Fluss. Aufgrund seines sehr großen Einzugsgebiets von 230 Quadratkilometern bei nur 34 Kilometern Länge – etwa zur Hälfte in Niederösterreich, zur Hälfte in Wien – und des nur sehr wenig wasserdurchlässigen Bettes kann der Fluss innerhalb von kurzer Zeit auf das 2000-fache (!) anschwellen. Früher führte das entlang der und somit in Wien zu verheerenden Überschwemmungen, bis hin zu veritablen Hochwasserkatastrophen, von denen in der Zeit zwischen 1221 und 1899 insgesamt 24 urkundlich überliefert sind. Heute kann das aufgrund der Staubecken, die nahe der Stadtgrenze angebracht sind, in diesem Ausmaß nicht mehr geschehen. Dennoch ist die Wien auch heute noch bei Hochwasser nicht ungefährlich, denn es kann nicht das ganze Wasser gestaut werden. An den öffentlichen Wegen sind aus diesem Grund Schilder mit Warnlichtern und Lautsprechern und der Aufschrift „Bei Blinken Wienfluss verlassen" montiert, um Spaziergänger rechtzeitig zu warnen. Auch Kanalarbeiter und Besucher, etwa die der beliebten „Dritte Mann"-Touren, müssen gegebenenfalls schnell die Kanalisation evakuieren. Weshalb auch das Erforschen des Wiener Untergrunds, obschon dieser durch zahlreiche Einstiegsmöglichkeiten recht leicht zugänglich wäre, auf eigene Faust streng verboten ist. Der Wasserpegel steigt nämlich, um es Wienerisch zu sagen „So schnö konnst gor net schaun."

Im Normalfall bekommt man aber als Wiener nicht viel von einem heutigen Wien-Hochwasser mit. Höchstens wenn man bei einem Stadtparkspaziergang unter dem „Stadtparksteg" oder der „Kleinen Ungarbrücke" überraschenderweise keinen nassen Beton, sondern jede Menge schmutzigbraunes Wasser samt Treibgut vorfindet. Scheinbar stehend, weil es nur sehr langsam vom Donaukanal bei der Urania neben der „Strandbar Herrmann" aufgenommen und noch sehr lange nach dem eigentlichen Regen von den Staubecken gespeist wird.

Übrigens, was auch nicht viele wissen: Strenggenommen heißt nur der zum ersten Bezirk gehörende Park am linken Wien-Ufer „Stadtpark". Der Teil am rechten Wien-Ufer, der zum dritten Bezirk gehört, hieß ursprünglich „Kinderpark". Diese Bezeichnungen findet man etwa noch auf den beiden großen Säulen

Tor zur Wiener Unterwelt

an der Johannesgasse neben dem Eingang der U4-Station „Stadtpark".

Doch zurück zum Hochwasser. Diese Überflutungen sind derart massiv, dass sie nicht einmal die Ratten überleben. Womit wir beim Kapiteltitel angelangt wären. Gemeint sind aber nicht die unvermeidlichen tierischen Begleiter jeder Großstadt, sondern die menschlichen „Kanalratten", an die heute nur noch ein selten gehörtes und noch seltener verstandenes Wort gemahnt: die Strotter.

Fast bekannter als der Begriff Strotter, der heute noch gelegentlich im Sinne von Vagabund oder Sandler verwendet wird, ist das jazzige Wienerlied-Duo „Die Strottern". Andere mögen „Strotter Inst." kennen, einen Vertreter der elektronischen Musik. Zweiterer bezieht sich mit seinem Namen vermutlich auf das ostösterreichische Verb „strottern", was so viel wie „nach (im Abfall) Verwertbarem suchen" bedeutet. Schließlich bedient sich „Strotter Inst." ja auch der Sampling-Technik ... Erstere Musiker beziehen sich aber doch wohl eher auf jene Gruppe Menschen, die in Wien einst eben als Strotter bekannt waren.

Und das waren im Untergrund und hier vor allem in der Kanalisation des Wienflusses lebende „Miststierler". Diese spezialisierte Gruppe von meist Obdachlosen und auf alle Fälle Armen kam unmittelbar mit der Kanalisierung Wiens um die Jahrhundertwende (um 1893) auf. Ihr Geschäftsmodell war einfach und logisch:

Mit der Kanalisation wurde auch so manches Wertvolle oder zumindest Verwertbare durch die Wiener Wasserklosetts und andere Abwässer gespült. Dies galt es zu finden und in Geld umzuwandeln.

Neben Wertsachen wie Schmuck und Geld, naturgemäß sehr seltene Funde, sammelten die Strotter alles nur Mögliche für sie und andere noch Brauchbare ein. Eine noch spezialisiertere Untergruppe, mit guten Magennerven gesegnet oder aus besonderer Verzweiflung dazu getrieben, waren die sogenannten „Fettfischer". Die Fettfischer sammelten Knochen, Fleisch- und Fettreste ein – um sie dann an die Seifenfabriken zu verkaufen ...

Einige der Strotter wohnten auch in der Kanalisation, so wie es – allerdings unbestätigterweise – auch heute vereinzelt noch Obdachlose tun. Damals schlugen dort jedoch sehr viele ihre Zelte auf, sodass schon jeder seinen eigenen angestammten Platz hatte. Eine dieser Gemeinschaftsunterkünfte war die sogenannte „Zwingburg", gelegen unter dem Schwarzenbergplatz. Das war eine trockene Kammer, die mit einem Brett gut verschlossen werden konnte, um etwa vor Razzien der Polizei zu schützen. Zusätzlich führten noch einige Fluchtwege in umliegende Kanäle und Schächte. Heute wäre das Strottern kein Geschäft mehr. Der wohl einzige Grund, dass es diesen „Berufsstand" nicht mehr gibt. Der letzte noch aktive Strotter wurde jedenfalls noch 1950 gesichtet.

Big in the USA

Zum kollektiven und einbetonierten österreichischen Allgemeinwissen gehört die Tatsache, dass es Falco als erster Österreicher auf Platz 1 der US-Charts schaffte. Nun ist das sicher eine gigantische Leistung und es stimmt natürlich auch, dass Falco diesen Platz erreicht hat. (Übrigens 1986 mit „Rock Me Amadeus", nicht mit „Der Kommissar", wie viele glauben. „Der Kommissar" von Falco schaffte es trotz weltweiten Erfolgs im Original nie in die US-Charts. Allerdings erreichte 1983 die britische Band „After the Fire" mit ihrer englischen Coverversion Platz 3.)

Aber: So ganz richtig ist diese vermeintliche Tatsache dennoch nicht. Falco war nämlich nicht der erste Österreicher auf Platz 1 der US-Charts, sondern der dritte. Und der zweite Wiener.

Wer aber war es dann? Nun, um die Spannung ins schier Unerträgliche zu treiben, hier erst die Auflösung, wer die Nummer zwei war. Zwar stammt die betreffende Person nicht aus Wien, aber Erfolg ist Erfolg, da wollen wir mal nicht so sein. Außerdem handelt es sich dabei um eine Dame. Ihr Name: Gertrude Wirschinger, 1946 in Klagenfurt geboren. Klingelt da was? Wohl kaum. Denn bekannt wurde Frau Wirschinger erst unter ihrem Bühnennamen Penny McLean. Dieser sollte einerseits Kindern der 70er-Jahre etwas sagen, denn damals war sie solo, etwa mit den internationalen Hits „Lady Bump" und „1,2,3,4 ... Fire!", die unangefochtene Disco-Queen Österreichs. Andererseits wird der Name Penny McLean auch für Freunde esoterischer Bücher eher unbekannt sein, denn solche schreibt sie seit dem Ende ihrer Musikkarriere. Bevorzugterweise handeln diese von Numerologie und Schutzgeistern. Und wem ihr Name dennoch nichts sagt, der kann sich vielleicht an die Band „Silver Convention" erinnern, ein Damentrio, das bevorzugt in goldfarbenen Overalls auftrat und die Disco-Welle mitauslöste, wenn nicht gar miterfand. Die im Hintergrund waltenden Macher der Band waren übrigens der Produzent, Udo-Jürgens-Texter und Musical-Übersetzer Michael Kunze sowie der bis heute erfolgreiche Komponist Sylvester Levay (u. a. Schöpfer der Wiener Musicals „Elisabeth", „Mozart!" und „Rebecca"), auf den auch der Name der Band zurückgeht. Frau Wirschinger-Lean nahm nun mit „Silver Convention" nicht nur am Songcontest teil (1977 für Deutschland, Rang 8 mit dem Lied „Telegram"), sondern ... erreichte 1975 mit „Fly Robin Fly" elf Jahre vor Falco auch den Platz 1 der US-Charts! Das Lied kommt übrigens mit sechs Worten aus (fly, Robin, up, to, the und sky), die immer in der Phrase „Fly, Robin, Fly, Up, up to the sky!" wiederholt werden. Auch die Nachfolge-Single „Get Up and Boogie" erreichte lichte amerikanische Höhen, Platz 2 um genau zu sein.

Aber nun (Trommelwirbel) zu demjenigen Wiener, der als erster Österreicher die Nummer 1 der US-Billboard-Charts erreichte: *bumbumbumbumbumbumbumbum* Anton Karas! Sein Instrument: die Zither. Sein Lied: „Das Harry Lime Thema" aus dem Film „Der dritte Mann". Mit dieser Nummer führte Karas 1950 ganze elf Wochen lang die US-Hitparade an. Und sorgte für einen weltweiten deutlichen Anstieg der Zither-Verkäufe. Und begründete die Tradition,

Orson Welles, inspired by Anton Karas

Musik aus Filmen als Singles auszukoppeln. Die Platte ging damals in den USA sensationelle 500.000 mal über den Ladentisch, und nach Brancheneinschätzungen haben sich die verschiedenen Versionen des Liedes, unter anderem von Guy Lombardo, Herb Alpert, The Band und The Shadows bis heute an die 40 Millionen mal verkauft. Sogar die Beatles haben es einmal aufgenommen, aber auf keiner ihrer Platten veröffentlicht.

Über das „Harry Lime Thema", Anton Karas' internationalen Erfolg und die vielen Wien-Aspekte des Films wurde andernorts schon so oft und so viel geschrieben, dass ich es mir hier verkneife. Nur ein Gustostückerl vielleicht noch: Die auch als „The Third Man Theme" bekannte Melodie von Anton Karas ist das offizielle musikalische Thema der Tokyoter Bahnstation Ebisu, dessen erste Takte jedes Mal ertönen, wenn sich die Türen eines Zuges schließen. Denn in Japan haben fast alle Bahnstationen eigene Einstiegsmelodien. Karas' Melodie ist in Japan allgemein als „Ebisu-Thema" bekannt, weil es früher in der Werbung für Ebisu-Bier verwendet wurde. Und die Ebisu-Bierfabrik befand sich früher an dem Ort, an dem heute die Bahnstation gleichen Namens zu finden ist... Die – sehr – vereinfachte Anton-Karas-Version sowie andere der sogenannten „Train Station Tunes" kann man sich auch im Internet anhören, etwa auf der Website des japanischen Kulturmagazins „The Nihon Sun" (www.nihonsun.com).

Nach Falco schaffte es übrigens nur noch eine weitere österreichische Musikgruppe auf einen höheren Platz der US-Charts: 1991 erreichten die Bingo Boys mit „How To Dance" den Platz 25 der Billboard-Charts – und den Platz Nummer 1 der Dance Charts.

Obwohl dritter und nicht erster Platz ist Falcos Erfolg mit „Rock Me Amadeus" in den USA aber keineswegs zu unterschätzen. Zum einen war er der erste *deutschsprachige* Künstler, der beide großen US-Hitparaden (Billboard Hot 100 und Cashbox Top 100 Singles) anführte, zum anderen erreichte er auch einen für einen weißen Künstler extrem seltenen Top-Platz, nämlich Rang 6 in den „Billboard Top R&B Singles Chart", damals noch „Black Singles-Charts" genannt. In diesen Bereichen bewegten sich vor ihm nur Blondie und nach ihm Eminem.

Und noch etwas kann man dem Wiener Falken nicht rauben: Er war und ist der einzige Künstler, der die US-Charts mit einer deutschsprachigen Musiknummer anführte. Denn „Fly, Robin, Fly" war englischsprachig und „Das Harry Lime Thema" eine instrumentale Nummer.

Rathausmann
im Eisen

Zwei seltsame, aber touristisch umso interessantere teil-metallene Objekte standen und stehen oft im Fokus herkömmlicher Wien-Bücher und Reiseführer: der Rathausmann und der Stock im Eisen.

Durchaus zu Recht, stellen doch beide eine Fundgrube an interessanten, obskuren und auffallenden, aber eben meist weithin bekannten Details dar. Seltener fällt der touristische – und einheimische – Blick aber auf ein drittes ehernes Denkmal, das quasi eine Synergie aus den beiden bekannteren darstellt.

Aber zuerst zu bekannten und weniger bekannten Fakten rund um die bekannteren Objekte:

Die ältere der beiden Metall-Sehenswürdigkeiten, nach Meinung mancher die älteste Sehenswürdigkeit Wiens überhaupt, befindet sich – obwohl es sich dabei ursprünglich schlicht und einfach nur um einen Baum, der vor den einstigen Stadttoren stand, handelte – schon seit langem in der Stadtmitte, an dem nach ihr benannten Stock-im-Eisen-Platz. Dieser Platz stellt übrigens ein weiteres Wiener Kuriosum dar, denn, obwohl es ihn als Adresse noch gibt, wird man heute so seine Mühen haben, ihn „räumlich" zu finden. Hört sich etwas geheimnisvoll an, erklärt sich aber ganz einfach durch den Verlauf der Geschichte: Denn im Laufe der Zeit sind die ihn begrenzenden Häuser schlicht und einfach verschwunden, sodass mittlerweile der Graben und die Kärntner Straße gewissermaßen unbehindert in den Stephansplatz münden. Wodurch der ehemalige Platz zu einem Platz ohne klar erkennbaren Platz wurde. Denn der nun quasi vergrößerte Stephansplatz wird in seiner räumlichen Ausdehnung durchaus als einheitlicher Platz wahrgenommen, wenn auch nicht alles Stephansplatz ist, was danach aussieht. Wie eben der heute „unsichtbare" Vorplatz namens Stock im Eisen.

Doch genug der räumlichen Verwirrung und zurück zu seinem Namensgeber. Die Geschichte von den Handwerksgesellen, die am ehemaligen Stadttor jeweils einen Nagel in einen Baum schlugen, sodass nach und nach der ganze Baum ein eisernes Gewand erhielt und so zum „Stock im Eisen" wurde, ist wohl jedem Wiener hinlänglich bekannt. Wenn man auch nicht genau weiß, weshalb der Baum ursprünglich „benagelt" wurde. Denn der Beginn der Beschlagung des alten – vermutlich – Grenzbaums, etwas vor 1440, liegt wesentlich länger zurück als der Brauch der wandernden Schmiede und Schmiedegesellen, der erst ab etwa 1715 belegt ist.

Auch nicht allgemein bekannt dürfte sein, dass es sich bei dem Original-Stock um den mittleren Teil einer zweiwipfeligen Zwieselfichte handelt. Oder dass sich sein Name nicht von den Nägeln, die in ihn geschlagen wurden, abwandelt, sondern von den den Stamm umgebenden eisernen Bändern. Der Stamm wird nämlich scheinbar von einem Schloss zusammengehalten, das jedoch nur eine Attrappe ist, da es kein Werk enthält, also leer ist. Die Sagen, dass niemand einen Schlüssel fertigen konnte, um das Schloss zu öffnen, dürfte also einen ganz pragmatischen Hintergrund haben: wo kein (echtes) Schloss, da kein Schlüssel um es zu öffnen. Zum Schutz vor Wind, Wetter und vor allem Millionen von Touristenfingern ist der vernagelte Stock übrigens seit längerem durch eine Plexiglaswand geschützt.

Nicht so sein um einiges jüngerer und fast gänzlich unbekannter Bruder: Wiens zweiter Stock im Eisen.

Wie man sieht, unsichtbar: der Platz „Stock im Eisen"

Der steht nämlich im achten Bezirk, passenderweise am Schlosserplatzl (der eigentlich nicht so heißt, sondern eine Fläche vor der Wickenburggasse 1 ist), wird nicht von Plastik umgeben - und ist auch noch in Funktion. 1988 wurde er hier, direkt vor der Landesinnung der Wiener Schlosser, aufgestellt, und seit dieser Zeit darf jeder frischgebackene Jungmeister einen Nagel einschlagen, auch heute noch. Meist zu Sammelterminen als kleine Festivität.

Das zweite eherne Wahrzeichen der Stadt, den Rathausmann, gibt es auch gleich zwei Mal. Das Original steht ganz oben auf der Spitze des Rathauses, wo es auch hingehört. Die Kopie findet sich zu seinen Füßen im Rathauspark, um die Ecke der Figuren-Allee, damit man ihn besser betrachten, bestaunen und ja, fotografieren, kann. Denn diese Kopie, angefertigt während Restaurierungsarbeiten am Original, steht ja seit 1985 extra zum Knipsen vor dem Rathaus. Den echten Wächter, der über den Dächern von Wien thront, könnte man auch mit extremen Teles nicht so gut erfassen. Das Original ist inklusive Standarte 5,4 Meter hoch, wiegt 1800 Kilogramm, hat Schuhgröße 63 und wird mithilfe einer 800 Kilogramm schweren Stahlkugel, die unter ihm als Pendel angebracht wurde, an seinem Platz gehalten. Kann aber trotzdem um bis zu 25 Zentimeter schwanken. Seine Anbringung war übrigens gewissermaßen ein anti-monarchistischer Schildbürgerstreich. Verbat Kaiser Franz Joseph I. doch, dass die Türme des Rathauses die nahegelegene Votivkirche überragen. Vermutlich deshalb, weil die Kirche eine sogenannte Votivgabe des Kaisers war, also ein Geschenk, das seinen Dank über das Misslingen des Attentats, das an ihm im Jahre 1853 verübt worden war, zum Ausdruck bringen sollte. Seit dieser Zeit erinnert die Votivkirche ebenso an das Attentat wie die Ettenreichgasse, die nach einem der beiden Retter des Kaisers, einem Fleischhauer, benannt ist. Wie auch immer, den Architekten blieb nichts anderes übrig, als sich den Anweisungen des Kaisers zu beugen und der Turm wurde mit 98 Metern um einen Meter niedriger als die Kirche errichtet. Ein bisschen geschummelt haben sie dann aber doch noch, denn mit dem schmückenden Mann auf seiner Spitze, wurde das Rathaus dann doch noch um einiges höher …

Vielleicht noch ein Detail zu den Statuen, die in der Allee Richtung Burgtheater zu sehen sind. Sie stellen berühmte Persönlichkeiten der österreichischen Vergangenheit dar und standen ursprünglich auf der Elisabethbrücke, die über den Wienfluss zum Karlsplatz führte, heute ist das die große Kreuzung auf der Achse Kärntner Straße/Wiedner Hauptstraße. Besonders interessant daran ist aber, dass eine der Figuren, nämlich die des Beraters von Maria Theresia, Joseph von Sonnenfels während der NS-Zeit von den Nazis durch eine von Christoph Willibald Gluck ersetzt wurde. Dass der historische getaufte Jude nicht der Aufmerksamkeit der Nazis entgangen ist, bezeugt einmal mehr die perfide

Gründlichkeit dieser Diktatur. Auch die Sonnenfelsgasse im ersten Bezirk hieß von 1938 bis 1945 Johann-Sebastian-Bach-Gasse. Und ein berühmtes Ölgemälde, das den Freiherrn zeigte, wurde mit Säure übergossen und so vernichtet. Nur sein Halbrelief, das am Maria-Theresien-Denkmal angebracht ist, wurde nach Kenntnis des Autors nicht ersetzt oder beschädigt.

Doch jetzt endlich zum angekündigten, weniger bekannten, dritten, synergetischen Metalldenkmal, das sich ebenfalls gleich neben dem Rathaus befindet. Es handelt sich hierbei um den sogenannten „Eisernen Mann", auch bekannt als „Wehrmann in Eisen" beziehungsweise „Wehrmann im Eisen", „Eiserner Wehrmann" oder schlicht „Nagelmann". Synergetisch oder vielleicht eher hybrid deswegen, weil er wie der Rathausmann eine Art überdimensionalen Ritter darstellt, der aber, wie der Stock im Eisen, aus eingeschlagenen Nägeln besteht.

Seine Errichtung während des Ersten Weltkriegs diente der Propaganda und dem Sammeln von Geld für die Kriegskassa. Die Idee dafür geht tatsächlich auf den ursprünglichen Stock im Eisen zurück. In die aus Lindenholz gefertigte Statur schlugen jedenfalls im Jahr 1914 als erste ein österreichischer Erzherzog (Leopold Salvator), der deutsche Botschafter (Tschirschky-Bögendorff) und der türkische Botschafter (Hussein Hilmi-Pascha) je einen Nagel ein. Denn nicht nur Deutschland, allen heutigen xenophoben Hetzern ins

Der „eiserne Wehrmann" – ein genagelter Ritter

Stammbuch geschrieben, sondern auch die Türken waren im Ersten Weltkrieg Verbündete von Österreich-Ungarn.

Insgesamt wurden es 500.000 kostenpflichtige Nägel, die insgesamt 700.000 Kronen an Spenden erbrachten, in die ursprünglich am Schwarzenbergplatz aufgestellte Figur eingeschlagen. Und der so Benagelte wurde auch zum Superstar und Trendsetter: Denn schon bald wurde zu Spendenzwecken quer durch Wien alles benagelt, was man nur benageln konnte: Nachbildungen des Wehrmanns, andere Figuren wie den „Waidmann in Eisen" oder der „Sanitätsmann in Eisen", Bäume, ein Weinstock, Wehrschilde, ein Doppeladler, Kreuze, eine Feldhaubitze, eine Tischplatte, ein Posthorn, ja sogar ein hölzernes U-Boot, was der Anschaffung eines weiteren Unterseeboots durch die Kriegsmarine zugutekommen sollte.

Damit nicht genug, gab es bald zu benagelnde Spendenobjekte in ganz Österreich von A wie Amstetten bis W wie Wieselburg. Beschlagen wurden hierbei neben Wehrmännern und Schilden auch: ein Bär, ein Edelweiß, ein weiterer Tisch, ein Mörser und eine „Wehrgranate in Eisen".

In Deutschland wurde gar in 260 Städten heftig ge- und benagelt, und zwar unter anderem ein Erzengel (Michael), eine Schützenscheibe, eine Glocke, ein Bienenstock, eine Säule mit Eule, ein Greif, ein Heiliger (Georg), ein Buch, ein Anker sowie weitere U-Boote.

Damit noch immer nicht genug, gab es ähnliche Aktionen auch quer durch die Monarchie, bei allen Verbündeten und auch bei Auslandsösterreichern in Argentinien und, yes indeed, sogar in den USA. Dort mussten – vor Kriegseintritt der Amerikaner – etwa ein Eisernes Kreuz in San Francisco sowie ein Doppeladler mit Schild in Baltimore herhalten.

Jedenfalls werden viele, ja sogar die meisten dieser Objekte heute noch ausgestellt. Wie auch der Urvater dieser aller. Er steht seit 1934 gegenüber dem Wiener Rathaus in den Arkaden an der Kreuzung Rathausstraße/Felderstraße.

Übrigens gleich neben dem Eingang zum auch nicht unkuriosen „Museum auf Abruf", kurz MUSA genannt. Das ist eine Sammlung zeitgenössischer Kunst, eingerichtet von der Kulturabteilung der Stadt Wien – und eigentlich paradox. Denn das ursprüngliche Konzept des MUSA von 1991, damals ohne fixen Ort, bestand nämlich darin, jederzeit, eben auf Abruf, eine Ausstellung moderner Kunst zu präsentieren. Seit 2005 hat das Museum nun allerdings einen fixen Standort, aber den alten Namen. Und das wird, wie in Wien üblich, wohl auch so bleiben.

Zum Schluss noch ein Tipp für einen Lokalaugenschein: Rathausmann, Original wie Nachbildung, der Eiserne Wehrmann und der zweite Stock im Eisen befinden sich jeweils nur etwa hundert Meter Luftlinie voneinander entfernt.

Die unsichtbare Invasion

Wussten Sie, dass am Donnerstag, dem 4. September 2008 ein Heer von 5000 (!) etwa 20 Zentimeter hohen weißen Schlumpf-Figuren in ganz Wien zur freien Mitnahme aufgestellt wurden? Nicht? Kein Wunder, denn Wien hat die Schlümpfe innerhalb kürzester Zeit verschluckt. Zurück blieb so gut wie nichts. Weder in den Medien noch bei den Wienern fand die Aktion ein nachhaltiges Echo. Um der vermutlichen Ursache hierfür auf den Grund zu gehen, müssen wir ein bisschen weiter ausholen…

Im Jahr 2008 feierten die Schlümpfe, jene liebenswerten, vom belgischen Comic-Zeichner Peyo geschaffenen, blauen Wichte, ihr 50-jähriges Jubiläum. Zu diesem Anlass gab es weltweit viele verschiedene Aktivitäten und Feiern und ganz speziell in Europa eine einmalige, aus mehreren Teilen bestehende Aktion in Zusammenarbeit mit der UNICEF.

Zum einen wurden europaweit diverse Künstler und Prominente gebeten, je einen, mit 1,23 Meter Höhe, recht überdimensional großen weißen Schlumpf nach Lust und Laune zu bemalen. 15 Prominente aus 15 Ländern, um genau zu sein. Darunter Fußballer Philipp Lahm (Deutschland), Asterix-Zeichner Albert Uderzo (Frankreich), die Benetton-Familie (Italien) und der Komponist, Schriftsteller und Politiker Mikis Theodorakis (Griechenland). In Österreich wurde Kindermedien-Superstar Thomas Brezina dazu auserkoren, einen Schlumpf zu verschönern. Die fertigen Kunstwerke wurden sodann ausgestellt und am 23. Oktober, exakt am Geburtstag der Schlümpfe, zugunsten der UNICEF-Hilfswerke versteigert.

Die Auktion war ein ganzer Erfolg und brachte der UNICEF insgesamt 124.700 Euro ein. Wobei die Top-3-Schlüpfe die folgenden waren: der sogenannte „Überraschungsschlumpf", ein spezieller schwarzer Schlumpf, signiert von der Familie Peyo (14.000 Euro), der Schlumpf „Sympathix" von Albert Uderzo (13.000 Euro) und der „United Smurf of Benetton" (12.000 Euro). Thomas Brezinas Schlumpf mit dem Titel „You Have The Right", der sich mit dem Thema Kinderrechte auseinandersetzte, wurde für 8500 Euro versteigert. Und die einzige Schlumpfine mit dem Namen „Rester Femme", designed von der belgischen Sängerin Axelle Red, brachte 4500 Euro ein.

Die Schlumpf-Kunstwerke konnte man zum Teil auch in einer speziellen Wanderausstellung bewundern, die ebenfalls quer durch Europa tourte. In Wien machte die sehr ausführliche, kindgerecht und schön gestaltete Ausstellung 2008 beim Donauinselfest Station. An sich ein guter Platz, frequentieren doch jährlich an die drei Millionen Besucher das 3-Tages-Spektakel. Allerdings werden nur sehr viel weniger die Schlümpfe entdeckt haben, war die Ausstellung doch leider auf der sogenannten „Kinderinsel" aufgebaut, eine etwas abseits gelegene Location des Festivals, die sich nicht auf der Donauinsel selbst, sondern am Ufer des Handelskais befindet. Auf der wirklichen Insel, etwa im Bereich der anderen Kinderaktivitäten, wäre den Schlümpfen vermutlich eine weit größere Aufmerksamkeit zuteil geworden. Aber okay, der Ort war, wenn auch nicht logistisch perfekt, zumindest themenbezogen logisch gewählt und hat sicher vielen Besuchern jeden Alters große Freude bereitet.

Doch nun zu der eingangs erwähnten Invasion:

Ein weiterer Teil der weltweiten 50-Jahre-Jubiläumsfeierlichkeiten war nämlich der sogenannte „Happy Schlumpftag". Eine veritable Geheimaktion. In 15 zuvor Top Secret auserwählten Städten wurden je an einem speziellen Tag, ohne Ankündigung, Tausende kleine weiße Schlumpf-Figuren von zahlreichen Helfern und Helferinnen quer in der jeweiligen Stadt verteilt. Also mitten auf der Straße, auf dem Gehsteig, in Parkanlagen, auf Briefkästen etc. aufgestellt. Passanten konnten sich die Schlümpfe mitnehmen, ein darauf befestigtes Etikett erklärte den Sinn der Aktion, forderte dazu auf, den Schlumpf zu bemalen oder weitere Schlümpfe zugunsten von UNICEF zu kaufen. Mehr als 30.000 Figuren wurden schließlich auch in ganz Europa verkauft und brachten der Aktion weitere 150.000 Euro ein.

In Wien waren's 5000 weiße Invasoren, keine geringe Anzahl, auch wenn man die Größe der Stadt berücksichtigt, und zusätzlich weiß, dass die Schlümpfe vorwiegend in der Innenstadt ausgesetzt wurden. Warum hat dann aber kaum jemand in Wien etwas davon gesehen, mitbekommen? Warum weiß de facto niemand, dass diese Aktion je stattgefunden hat?

Nun, um das zu erklären, muss man vielleicht andere Schlumpftage zum Vergleich heranziehen. In Deutschland etwa wurde der „Happy Schlumpftag" in der fränkischen Kleinstadt Erlangen abgehalten. Der Größe der Stadt entsprechend wurde diese übrigens „nur" mit 2500 Figuren bestückt. Die Wahl des Ortes war kein Zufall, wird dort mit dem „International Comic Salon Erlangen" doch alle zwei Jahre die größte Comic-Veranstaltung Deutschlands und eine der größten der Welt abgehalten. In den frühen Morgenstunden des 21. Mai 2008, einen Tag vor der Eröffnung des Comic-Salons, begann nun die Invasion. Die Schlümpfe standen in der Fußgängerzone, auf Briefkästen, an Bushaltestellen, auf Mülltonnen und steckten in Hecken. Kindergärten, Schulen und Krankenhäuser wurden extra bestückt. Ein im Internet geposteter, sehr stimmiger Film zu der Aktion zeigte, wie Menschen auf dem Weg zur Arbeit, Kinder auf dem Weg zur Schule, Straßenkehrer und Passanten die Schlümpfe finden, bestaunen und dann oft nach kurzem Zögern auch – etwa ins Büro oder in die Schule – mitnehmen. Fazit: Tagesgespräch in der

Happy Schlumpftag, meine Herren!

Stadt. Zwar galt bis dahin eine Pressesperre, aber die unmittelbar nach der Aufstellung der Schlümpfe verschickte Presseaussendung generierte eine Lawine an Berichterstattung: keineswegs nur Erlanger oder bayrische Medien berichteten über die witzige und liebenswerte Aktion. Nein, jedes große wie kleine Printmedium Deutschlands war am Tag danach voll verschlumpft. Mit Artikeln über die Aktion und natürlich auch die anderen UNICEF-Aktivitäten. Dazu kamen zahlreiche Radio- und TV-Berichte. Bis heute noch kann man unter den Suchbegriffen „Schlumpftag" oder auch nur „Schlumpf" oder „Schlümpfe" plus „Erlangen" zahlreiche auch bebilderte Berichte über die Aktion finden. Und über die auch dort gezeigte Ausstellung. Wer also am Folgetag in Deutschland (irgend)eine Zeitung aufschlug, kam an den Schlümpfen nicht vorbei.

Ähnlich die Situation in der Schweiz. Dort fand der „Happy Schlumpftag" am 12. September in Lausanne statt. Wie in Wien wurden 5000 Schlümpfe verteilt und es gab eine Ausstellung zu besichtigen. Das Medienecho war gewaltig. Die Schlumpf-Belagerung kann man unter anderem heute noch in einem Fernsehbericht auf der Website des Schweizer Fernsehens bewundern, ebenso wie viele weitere Berichte. Fazit: Die Schweizer haben die Invasion bemerkt.

Was aber lief da in Wien anders? Nun, wie gesagt, die Stadt ist viel größer, okay. Aber weshalb wissen bis heute nicht einmal Comic-Insider, von Händlern bis

Künstlern, von dieser Aktion? Über die Gründe kann man nur mutmaßen. Denn Top Secret war sie überall. Tatsache ist, wenn man heute einen der „Schlümpfe" und „Wien" in eine Internetsuchmaschine eingibt, erhält man rein gar nichts darüber. Bis auf die original APA-Pressemeldung (OTS). Diese lud – ohne jedoch die Invasion zu erwähnen – zu einer vormittäglichen Pressekonferenz ein, in deren Rahmen, schließlich die Aktion enthüllt wurde. Wie viele Journalisten der nervenzerfetzende Titel *„Brandsteidl: Wien heißt die Schlümpfe willkommen"* (gemeint war die amtsführende Wiener Stadtschulratspräsidentin Dr. Susanne Brandsteil) aber tatsächlich angelockt hat...? Jedenfalls dürfte es keine weitere nachhaltige Verkündung der erfolgten Aktion gegeben haben, obwohl von den Mitarbeitern großartige Fotos mit Schlüpfen vor der Oper, dem Stephansdom oder dem Riesenrad geschossen wurden, die noch lange auf der offizielle Website der UNICEF-Aktion zu sehen waren. Aber leider in keinem österreichischen Printmedium.

Natürlich blieb die Aktion medial nicht ganz unerwähnt: „Wien Heute" sendete einen Beitrag, ATV ebenfalls, Radio Wien und Radio Arabella berichteten und es gab kleine Nebenartikel im Standard und in der Presse. Aber die großen Boulevardmedien? Bei einer News-Suche per Google am Folgetag der Aktion gab es nur magere zwei kleine Hits (eben Standard und Presse) – während die Suche zur Aktion in Erlangen den Browser fast zum Explodieren brachte. Von einer breiten üppigen Berichterstattung war jedenfalls keine Rede und schon gar nichts zu spüren, weshalb der Tag eben nicht ins kollektive Bewusstsein Wiens oder Österreichs eingegangen ist. Ein weiterer Grund hierfür mag sein, dass ein Großteil der Schlümpfe erst am Vormittag aufgestellt worden sein dürfte, was natürlich die Möglichkeit, die Figuren in Büros und Schulen mitzunehmen, minimierte und somit auch die Mundpropaganda. Auch der hauptsächliche Aufstellungsort, die Wiener City, wird an den meisten Wienern vorbeigegangen sein. Vermutlich haben sich mehrheitlich Touristen über die Funde gefreut. Und so bleibt die einzige, dafür jährliche, weiße Invasion Wiens, die dann auch tatsächlich Stadtgespräch ist, der erste Schnee. Inklusive scheinbar unvermeidbarem Verkehrschaos.

Perfekte Ausrichtung

Das Riesenrad gehört wie so Manches in Wien in die Kategorie „unbeabsichtigt". In den meisten Fällen ist diese mit der „Kategorie" unvollendet gleichzusetzen. Wie das berühmteste und auffälligste Beispiel, der Stephansdom, der seit nunmehr 300 Jahren auf die Fertigstellung seines Nordturms wartet. Eine Schlamperei von sogar für Wien historischem Ausmaße sowie eines der lang anhaltendsten unter den in dieser Stadt nicht so seltenen Provisorien.

Es gibt aber auch das Gegenteil. Nämlich Dinge, die man nur für kurze Zeit irgendwohin gebaut hat – und die dann einfach stehengeblieben und langsam zu einem (wichtigen) Teil der Stadt geworden sind. Wie etwa die Kunsthalle am Karlsplatz, die 1992 als fensterloser Notcontainer in schlichtem Blau-Gelb unter heftigen Protesten, no na, errichtet wurde. Als die Kunsthalle 2001 ins neue Museumsquartier übersiedelte, hatten sich aber bereits alle so an den Container gewöhnt, das es nunmehr heftige Proteste, no na, gegen seinen Abriss gab. Herauskam wie so oft ein Wiener Kompromiss: Der Container wurde entfernt, aber der Ort blieb in Form eines verglasten Pavillons weiterhin für Kunstausstellungen erhalten. Neben dem Ausstellungsraum project space, der darin untergebracht ist, gibt es aber natürlich – auch hier wäre Wien nicht Wien, wenn es nicht so wäre – ein gern besuchtes

Kaffeehaus. Strategisch gut gelegen zwischen U-Bahn und Technischer Universität.

Nicht viel anders lief die nur teilweise allgemein bekannte Geschichte des Riesenrades ab. Denn auch dieses wurde nur temporär geplant und eigentlich nicht für die Ewigkeit erbaut. Es sollte eine besondere Attraktion zu Ehren Kaiser Franz Josephs I. sein, der sein 50. Thronjubiläum beging, und nach dem Fest wieder abgerissen werden. Wie andere baugleiche oder bauähnliche Riesenräder zu dieser Zeit rund um den Globus, in London, Blackpool oder Chicago. Doch wie andere ähnliche gelagerte Fälle, nota bene der Pariser Eiffelturm, blieb das Ding einfach stehen und zählt nun zu den wichtigsten Sehenswürdigkeiten der Stadt.

Hier ein kurzer Überblick über die teilweise kuriosen Fakten rund ums Rad. Das Gebiet, auf dem es steht, war ursprünglich ein als „Kaisergarten" bekannter Teil des Praters, der zunächst von englischen Betreibern gekauft wurde, die dort dressierte Wölfe auftreten ließen. Das schien die Wiener aber nicht besonders zu interessieren, weshalb die Herren Pleite gingen. Eines hinterließen sie jedoch – den Namen: ab jener Zeit war der Flecken bei den Wienern nämlich als „Englischer Garten" bekannt. Dennoch ließ der nächste Pächter, Gabor Steiner dort nicht etwa „London in Wien", sondern das bekannte „Venedig in Wien" errichten, das die Wiener Bevölkerung lange Zeit begeisterte. Ende des 19. Jahrhunderts suchte Gabor jedoch eine neue

Attraktion – und entdeckte die Riesenräder. Und mit den Feierlichkeiten für den Kaiser war auch bald ein Anlass zur Errichtung eines solchen gefunden.

Nachdem die zuständigen Beamten des Bauamts zuerst an einen Aprilscherz geglaubt hatten, wurde der Bau durch viel Antechambrierereien und Bittgänge schließlich genehmigt. Errichtet wurde das Rad übrigens wieder von Engländern, das heißt mithilfe englischer Technik und englischem Kapital. Aus diesem Grund wurde auch der Frau des englischen Botschafters die Ehre zuteil, die letzte Schraube des Baus anzuziehen. Die Eröffnung wurde zunächst für den 19. Juni 1897 angesetzt. Da war das mit seinen 64 Metern zu der Zeit höchste Rad seiner Art zwar auch fertig, aber an diesem Tag regnete es so heftig, dass die Eröffnung auf den 21. Juni verlegt wurde. Weshalb man heute Jubiläen, als weiteren österreichischen Kompromiss, bevorzugterweise am 20. Juni feiert.

Obwohl die Attraktion – wie erwähnt – sehr schnell zu einem veritablen Wiener Wahrzeichen heranwuchs, schien zwei Jahrzehnte später das Ende nahe. Im Ersten Weltkrieg wurden die englischen Besitzer enteignet, da ja schließlich Feinde, und ein Abbruchbescheid erlassen. Denn Metall war im Krieg Mangelware und da standen ja gut 430 Tonnen davon einfach so in Wien herum. Durch Liquiditätsprobleme kam es infolge jedoch nie tatsächlich zum Abriss des Rades, und nach dem Krieg wurde es an den tschechischen

Eisenhändler Eduard Steiner verkauft. Dieser ließ es offensichtlich auch nicht abreißen und betrieb es stattdessen weiterhin. Bis es 1938 zusammen mit dem Rest von Steiners Besitz „arisiert", also zu einem dann nicht einmal ausgezahlten Spottpreis zwangsverkauft wurde. Womit auch eines der führenden Sehenswürdigkeiten Wiens, wie so viele andere weniger spektakuläre „arisierte" Bauten, zu einem Wahrzeichen einer sinnlos grausamen Zeit wurde.

Im Zweiten Weltkrieg brannte das Riesenrad ab und war wie viele Teile der Stadt kein sehr schöner Anblick, eher ein Mahnmal der Niederlage. Aber gerade deswegen wurde seine Wiederinbetriebnahme 1947 auch zu einem Symbol des Wiederaufbaus. Obwohl das Rad sozusagen Federn gelassen hatte: statt der früher gewohnten 30 Gondeln wurden nach dem Krieg aus Sicherheitsgründen nur mehr 15 Gondeln aufgehängt, was trotz zahlreicher Renovierungen seit dieser Zeit so geblieben ist. Weshalb das Riesenrad für ältere Wiener und Wienerinnen bis heute etwas „zahnluckert" aussieht.

Man kann übrigens auch eigene Gondeln für Partys und Abendessen mieten – der nächste Gang wird dann jeweils am Ende einer Drehung serviert. Dafür stehen spezielle Cocktail- bzw. Luxuswaggons zur Verfügung. Erstere ausgestattet mit Barhockern und Stehtischen, zweitere wahlweise mit Kaffeehaustischchen oder einer langen Tafel.

Riesenrad, zahnluckert

Bekannt wurde das Riesenrad auch als Filmschauplatz. Angefangen von dem Stunt einer Zirkusdirektorin, Madame Solange d'Atalide – die sich 1914 auf einem Pferd sitzend, das auf dem Dach einer Gondel stand, gen Himmel drehen ließ –, über die bekannte Szene aus dem „Dritten Mann" von Orson Welles, bis hin zu einer Szene im James Bond-Film „Der Hauch des Todes". Und hier verlassen wir auch wieder den Boden bekannter Fakten und kommen, erstens, zum Klassiker „life imitates art". James Bond trifft sich nämlich mit jemandem in einem offenen Garten-Café – genau unter dem Riesenrad – das es zu diesem Zeitpunkt in Wirklichkeit gar nicht gab! Unter dem Riesenrad bzw. um seinen Sockel herum war nämlich bis dahin (1987) rein gar nichts. Man konnte es ungehindert unter- bzw. umwandern. Nach Drehschluss kam aber jemand auf die naheliegende Idee, dort wirklich ein Café zu errichten. Und so geschah es auch. Bald darauf kam ein reichhaltiger Kitsch-Souvenir-Shop dazu, bis sich das Ganze 2002 zu einem veritablen Riesenrad-Museum, mit Fun- und Gastrobereich auswuchs, den man nun nolens volens durchschreiten muss, wenn man heute eine Runde mit dem Rad drehen möchte.

Und wenn man das tut, dann sollte man sich vielleicht, zweitens, eines weiteren wenig bekannten Fakts bewusst werden, der auch gleich das Rätsel des Kapitel-Titels löst: Das Rad wurde bei seinem Bau exakt nach dem Kompass ausgerichtet. Es dreht sich genau in

Nord-Süd-Richtung! Blickt man durch die Eingangstüren hinaus, kann man genau nach Osten bzw. Westen schauen. Was beim Blick durch die Scheiben während der gemächlichen Umrundung durchaus hilfreich bei der Orientierung sein kann, in einer Stadt, die flussverlaufsbedingt generell eher nach der Achse Nord-Ost/Süd-West ausgerichtet ist.

P. S.: Gabor Steiner verstarb im amerikanischen Exil, Eduard Steiner wurde im KZ Auschwitz ermordet.

P. P. S.: Das Rad ist so trickreich konstruiert und ausbalanciert, dass es beim Ausfall seiner Motoren bzw. Hilfsmotoren auch von zwei, drei kräftigen Männern per Hand gedreht werden kann.

P. P. P. S.: Das Riesenrad spielt auch in der Band-Nummer 2284 der Science-Fiction-Heftserie „Perry Rhodan", verfasst von dem in Wien lebenden steirischen Autor und Kabarettisten Leo Lukas, eine Rolle und ist sogar das Motiv des Titelblatts. Schön zu wissen, dass das gute alte auf Zeit errichtete Wahrzeichen am Beginn des Praters auch noch im Jahr 4920 stehen wird.

Rauten-Geschichte(n)

Menschen, die nicht so sehr an Grafik, Design und Logos interessiert sind, wird vielleicht noch gar nicht aufgefallen sein, dass die Wiener Straßenbahnen und Busse schon seit mehreren Jahren ein neues Logo tragen.

Das liegt vielleicht aber auch daran, dass das schon 2007 eingeführte Logo erst schön langsam, nach und nach auf alle Verkehrsmittel aufgeklebt wurde und noch immer wird. Man kann dem alten Signet also noch immer ausreichend oft in freier Wildbahn begegnen. Etwa auch auf den Tafeln der Bus- und Straßenbahnstationen.

Ein weiterer Grund ist sicher auch die Tatsache, dass sich das neue Logo vom alten gar nicht so sehr unterscheidet und bei nur oberflächlichem Hinsehen doch recht ähnlich wirkt. Salopp könnte man es so formulieren: vom Kreuz zum Stern. Im direkten optischen Vergleich sind die Unterschiede aber doch größer, als man zunächst meinen würde. Gleich geblieben ist die äußere Form, die sogenannte „Wiener Stadtwerke-Raute", die sich angeblich von der Form der früheren Stromabnehmer, der „Elektrischen", ableitet. Gleich geblieben ist auch, dass der obere Teil der Raute rot gefärbt ist. Unterschiede gibt es jedoch zwei. Zum einen ist das alte Grau des unteren Rautenteils einem satten Dunkelblau gewichen, zum anderen wurde das früher im Zentrum stehende Wiener Wappen gelöscht und, wenn man so will, blieb dahinter ein Loch in Form eines vierstrahligen Sterns.

Bei der Einführung des neuen Logos kamen bald Verschwörungstheorien auf, nach denen das Kreuz aus dem öffentlichen Stadtbild entfernt werden sollte. Ein übler Plan der bösen Sozis, weil eh alle Atheisten sind oder, noch schlimmer, eine Verbeugung vor dem Islam und anderen Religionen der eingewanderten Neo-Wiener.

Die Erklärung ist aber viel simpler: Die Wiener Verkehrsbetriebe wurden zusammen mit ihrem Mutterkonzern der Wiener Stadtwerke schon 1999 aus der Stadt Wien ausgegliedert und zur eigenen Gesellschaft, wenn sie auch weiterhin im Besitz der Stadt Wien verblieben. Als solches „Privatunternehmen" sind die verschiedenen Teile der Wiener Stadtwerke, wie Verkehr, Energien und Bestattung, nicht mehr befugt, das Wiener Wappen zu tragen. Das bis dahin eben unter anderem ab 1903 jede Bim schmückte.

Die Wechsel der Zeichen gingen meist mit der wechselhaften Geschichte des offiziellen Wappens von Wien einher. Ohne auf die ganz alte Geschichte eingehen zu wollen – Anfang des 20. Jahrhunderts wurde ein Schild mit dem weißen Kreuz auf rotem Grund von einem goldenen Doppeladler umrahmt. Und obwohl das Kaiserreich bekanntlich schon 1918 endete, konnte sich die Stadtregierung erst 1925 zu einer Abschaffung dieses Doppeladlers durchringen. Ab dieser Zeit gab es nur noch das Schild oder, als Alternative, das Schild auf einem einköpfigen Adler. Interessanterweise reinstallierten die Stadtoberen im Ständestaat 1934 den doppelköpfigen

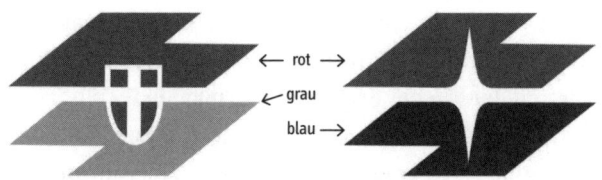

Alt neben neu, aber eines bleibt gleich: Rauten

Adler wieder als Alternative zum Schild. Und ausgerechnet unter den Nazis wurde das nackte Schild abgeschafft und nur noch die Version mit Doppeladler erlaubt. Aus diesem Grund findet sich unter anderem auch auf der Kriegstramway im Zweiten Weltkrieg (dazu gleich) ein Doppeladler mit Kaiserkrone. Erst 1945 kehrte man zum simplen Schild – mit optionalem Single-Adler – zurück.

Auch das Logo der Wiener Straßenbahnen folgte diesen Entwicklungen. Dem simplen Schild der Zwischenkriegszeit wurde 1949, infolge der Gründung der Wiener Stadtwerke ein „WStW" hinzugefügt. Schließlich wurde das Schild dann 1978 zu jener Stromabnehmer-Form modernisiert, die man heute noch sieht und auf der auch das neue Logo noch basiert.

Die aktuelle Neugestaltung von 2007 betraf aber nicht nur den öffentlichen Verkehr, wo sie natürlich am sichtbarsten war und ist, sondern auch die anderen Geschäftsbereiche der Wiener Stadtwerke. Denn etwa auch Wien Energie und Wiener Bestattung nutzten schon lange das Rauten-Motiv. Mit einer alternativen Farbgestaltung der Logo-Schriften, etwa orange für Wien Energie.

Diese Logos wurden nun ebenfalls adaptiert, was man unter anderem auf Stromrechnungen oder etwa Broschüren der Wiener Friedhöfe sehen kann.

Tatsächlich geht die Sache aber noch weiter. Das neue Logo gibt es in geradezu unzähligen Farbvariationen für die verschiedensten Geschäftsbereiche der Wiener Stadtwerke. Die Motive darauf sind stets gleich: die zweiteilige Raute und der Stern in der Mitte sowie rechts daneben meist in dynamischer, der eckigen Rautenform angepassten Schrift der jeweilige Geschäftsbereich. Immer anders: die Farben.

Hier ein Überblick, immer im Muster Raute oben/ Raute unten:

Wiener Stadtwerke allgemein: rot/blau – Schrift weiß auf blauem Grund

Wiener Verkehrsbetriebe: rot/blau – Schrift weiß auf rotem Grund

Wien Energie: orange/blau – Schrift weiß auf orangefarbigem Grund

Wiener Bestattung/Friedhöfe: grau/blau – Schrift weiß auf grauem Grund

WienCom (Media- und Eventagentur): lila/blau – Schrift weiß auf lila Grund

WienIT (IT-Bereich): hellblau/blau – Schrift weiß auf hellblauem Grund

WStW Beteiligungsmanagement: türkis/türkis – Schrift weiß auf türkisefarbigem Grund

Mittelfristig wird aber das alte Logo auch auf den Tafeln der Stationen verschwinden müssen. Auf manchen neueren Busstrecken stehen daher auch schon international übliche grün-gelbe Stationstafeln mit einem großen „H".

Eine andere Logo-Seltsamkeit betrifft die Schnellbahn in Wien. Seit einiger Zeit finden sich auf Tafeln, Plänen etc. zwei verschiedene Versionen des bekannten Logos. Das stilisierte weiße S im blauen Kreis tritt nun manchmal klassisch gezackt und manchmal schlangenartig rund auf. Oft sogar in unmittelbarer Nähe zu einander. Das ältere gezackte S soll ja (neben der Idee des Blitzes für die schnelle Verbindung) angeblich stilisiert den Verlauf der Stammstrecke durch Wien symbolisieren. Da manche Leute darin aber ein Runen-S sehen und daher mit dem Schriftbild der nationalsozialistischen SS verbinden, wird das runde S nunmehr als moderne Version der Marke S-Bahn der ÖBB verwendet, die ja weit über Wien hinaus verkehrt. Im Rahmen des Wiener Stadtverkehrs dagegen wird an der alten Version festgehalten. Was zwar eine Erklärung darstellt, die verwirrende Logo-Situation aber nicht wirklich entwirrt ...

Nun aber zur Kriegstramway: Dass auf Wiens Schienen nicht immer ausschließlich Straßenbahnen zum Personentransport unterwegs waren, ist weitgehend bekannt. Die anderen Nutzer reichten von Lastenstraßenbahnen über Poststraßenbahnen bis zu der berühmten „Schwarzen Bim" zu Leichentransportzwecken Richtung Zentralfriedhof (siehe auch „Kurioses Wien). Und noch heute verkehren gelegentlich nachts Wartungsfahrzeuge auf den Schienen. Ein neuer Anlauf zum Gütertransport, die sogenannte „Güterbim", eine Art grüner Container auf Schienen, wurde 2005 präsentiert, aber 2007 aus Mangel an Bedarf sang- und klanglos wieder zu Grabe getragen.

Nur mehr wenigen Wienern in Erinnerung bzw. bekannt ist die sandbraune Kriegs-Straßenbahn, über die es aus heutiger Sicht einiges an Interessantem und Seltsamen zu berichten gibt. Zum einen wurde sie nicht individuell für Wien gefertigt, sondern das Modell wurde baugleich für alle Städte des Deutschen Reichs in Heidelberg hergestellt. Es bestand aus besonders billigen Materialen, denn jede Ressource war knapp im Krieg. Wien bestellte 400 Exemplare, weil der Wagenbestand bereits vor dem Weltkrieg schon sehr ausgedünnt war, reduzierte dann auf 50 und erhielt schließlich 30 Straßenbahnen. Interessanterweise wurden die meisten (dann rot bemalt und daher nicht als solche erkenntlich) erst nach dem Krieg in Dienst gestellt und verkehrten bis 1975 auf Wiens Straßen. In den letzten Kriegsmonaten wurden die Straßenbahnen übrigens zwecks Verdunkelung gegen Bombenangriffe mit getönten Scheiben und einer bis auf einen Sehschlitz für den Fahrer geschlossenen Front ausgestattet... Eines der Original-Modelle, hässlich, sandbraun, mit Doppeladler auf der Seite, kann man heute neben sämtlichen anderen Generationen von Wiener Straßenbahnen – von der Pferdetram bis zum modernen U-Bahnzug (nun, ein Abteil daraus) – im Wiener Straßenbahnmuseum bewundern und besichtigen und an manchen besonderen Tagen auch befahren.

Übrigens brachte die Eingliederung Österreichs ins Deutsche Reich nicht nur den Doppeladler zurück, sondern im ganzen Land wurde auch einheitlich der Rechtsverkehr eingeführt. Damit natürlich automatisch auch für die Straßenbahnen! Und so kam es, dass in der Nacht vom 18. auf den 19. September 1938 die Fahrtrichtung der Straßenbahnen geändert wurde. Was im Detail so viel heißt, dass auf 596,2 Kilometern Gleislänge 1596 der insgesamt 2475 Weichen sowie fast alle der 1479 Haltestellen geändert wurden. Nach Quellenlage klappte das aber erstaunlich gut.

Übrigens: Fans der Geschichte der Wiener Verkehrsbetriebe müssen nicht unbedingt ins Museum gehen, um auf historischen Spuren zu wandeln. Dazu genügt ein Blick auf die meisten der blauen „Zwickautomaten" an den Eingängen zu U-Bahnen sowie in Bussen und Straßenbahnen: Als Symbol für die korrekte Einführrichtung des zu entwertenden Fahrausweises prangt dort in den meisten Fällen noch das (rosa) Vorverkaufsfahrscheinmodell aus den 1970er-/80er-Jahren. Druck: Zawadil.

Südosttangente, exterritorial

Tag für Tag benutzen viele Tausend Menschen die Wiener Stadtautobahnen. Und sei es nur, um die Donau zu überqueren. Wie viele Tausend genau, wäre nicht schwer zu recherchieren, aber Hand aufs Herz, interessiert Sie das wirklich? Eben, mich auch nicht!

Was mich viel mehr interessiert und schon seit Jahren zum Grübeln bringt, ist die Frage, wo ich mich genau befinde, wenn ich auf einer Wiener Stadtautobahn, sagen wir mal auf der Südosttangente, unterwegs bin? In Wien nämlich offenbar nicht. Denn bei jeder in Wien gelegenen Autobahnauffahrt, und sei es in einem Binnenbezirk, also etwa mitten im Dritten, prangt deutlich sichtbar ein Verkehrszeichen mit Ortsende Wien („Wien" rot durchgestrichen) darauf. Umgekehrt begrüßt mich etwa am Ende der Abfahrt St. Marx ein Ortsanfangsschild und teilt mir mit, dass ich mich ab sofort in Wien befinde. Welch' Überraschung!

Die logische Erklärung dahinter ist natürlich eine gesetzliche. In Wien darf man, wie in jedem Ortsgebiet Österreichs nur 50 km/h schnell fahren. Auf der „Tangente" darf man aber bis zu 80 km/h erreichen, wenn man keinen LKW fährt. Und damit man das darf, darf man sich legistisch eben nicht mehr im Ortsgebiet befinden. Darum die Tafeln. So weit, so klar.

Die Frage ist aber: Wenn ich auf einer Wiener Stadtautobahn unterwegs bin, wo bin ich dann? Offenbar – gesetzlich – nicht mehr in Wien. Aber auch nicht in Niederösterreich. Denn es heißen einen auch auf den Autobahnen an den Stadtgrenzen Schilder in Niederösterreich willkommen. Was man auch daran merkt, dass dann 130 km/h erlaubt sind. Andererseits sind für die Wiener Stadtautobahnen ganz offensichtlich Wiener zuständig: Wiener Autobahnbetreuer, Wiener Polizisten etc. Letztere konnte man früher durch die Teilung Polizei/Gendarmerie noch deutlicher erkennen. Gut, also wo ist man dann? Ist die Südosttangente exterritorial? Oder ein zehntes Bundesland wie ein befreundeter Journalist schon vor vielen Jahren in einer nur kurz existierenden Skandalzeitung mutmaßte? (Neben Artikel über Riesenratten im Gemeindebau und angebliche Sekundenhirninfarkte von Bruno Kreisky.)

Die Lösung des Rätsels ist – außer vielleicht für Juristen und Fahrlehrer – ausgesprochen originell, um nicht zu sagen wirklich lustig. Ja, man verlässt tatsächlich bei den Autobahnauffahrten das Ortsgebiet von Wien. Und danach befindet man sich ... in Wien! Und zwar in der Gemeinde Wien! Denn, was man, vor allem in Großstädten, normalerweise nicht bedenkt: Die Ortsgrenzen sind nicht automatisch identisch mit den Gemeindegrenzen. In Wien kommt noch der Fall dazu, dass der Ort Wien de facto ident ist mit der Gemeinde

Ein scharfer Blick aus dem fahrenden Auto

Wien und beide praktisch wiederum deckungsgleich mit dem Bundesland Wien sind.

Es gibt allerdings auch andere Fälle, in denen sich dieser Unterschied im Verkehr bemerkbar macht. So gibt es auf der berühmten Höhenstraße im Wienerwald Ortsende-Wien-Schilder, die ebenfalls nur dazu dienen, dem Verkehr – obwohl noch innerhalb von Wien – ein höheres Tempo zu erlauben. Der Unterschied liegt freilich darin, dass hier die juristisch verschiedenen Gebiete tatsächlich physisch nebeneinanderliegen. Während die Stadtautobahnen sich fast ausschließlich über- und unterhalb von Straßen und Häusern befinden, die sehr wohl im Ort Wien liegen. Quasi Erdgeschoß: Ortsgebiet Wien, Belle Etage oder Souterrain: „nur" Gemeinde Wien.

Die Gründe für diese Maßnahme sind natürlich sehr wohl sinnvoll. Neben der Geschwindigkeit gibt es auch andere Rechte und Pflichten auf Autobahnen, die in einem Ortsgebiet nicht gelten. Das Rechtsfahrgebot etwa oder das Verbot, rechts zu überholen. Außerdem dürfen auf Autobahnen automatisch keine Radfahrer, Mopeds und Fußgänger unterwegs sein. Würde man nicht den Trick mit den Ortsende-Schildern anwenden, müsste man all diese Regeln auf den dann nur „schnellen Straßen" in Wien mit eigenen Tafeln ankündigen und durchsetzen. Und das wäre wohl mehr als unübersichtlich. Dass dadurch auch gleich die Autobahngebühr eingehoben werden kann, sprich eine Vignette vulgo Pickerl nötig ist, um etwa die Praterbrücke zu benutzen, ist natürlich ein erfreulicher Bonus nebenbei. Für die Betreiber. Diese Kosten werden nämlich nur dadurch möglich, dass sich eine Autobahn körperlich im Wiener Ortsgebiet befindet, obwohl Autobahnen laut Straßenverkehrsordnung in Ortsgebieten nicht erlaubt sind.

Übrigens auf der Südosttangente A23 befindet sich auch ein weiteres Beispiel für unvollendet gebliebene Bauprojekte sowie Provisorien, wie sie in Wien ja häufig anzutreffen sind. (Siehe etwa das Riesenrad-Kapitel in diesem Buch oder das über die Brigittenauer Brücke in meinem Buch „Kurioses Wien".)

Die Rede hier ist von der „gesperrten Abfahrt Simmering", die auch tatsächlich so heißt. Zwar gibt es immer wieder Diskussionen, die an sich fertige Abfahrt zwischen Gürtel/Landstraße und Favoriten auch zu nützen, zuletzt und aktuell rund um den Ausbau des Südbahnhofs zum Wiener Zentralbahnhof, aber vorerst sieht's nicht danach auf. Denn ähnlich der Brigittenauer Brücke wurde auch die Abfahrt Simmering als Vorleistung für zukünftige (Straßen-)Bauprojekte geplant und auch gebaut, die dann auf diese Weise nicht verwirklicht wurden. Im Falle dieser „toten" Abfahrt ging es vorderhand nicht um eine ebensolche, sondern vielmehr darum, dass damals geplant war, hier die Südostautobahn A3 (also die Autobahn Richtung Eisenstadt) einmündne zu lassen. Aus Kostengründen, und wohl auch weil ein Autobahnbau im Siedlungsgebiet immer ein Problem ist, selbst oder vielleicht sogar vor allem dann, wenn es sich wie in diesem Fall hauptsächlich um Kleingartensiedlungen handelt, ließ man die A3 dann aber einfach bei Guntramsdorf in die A2 Südautobahn einmünden. Und diese ab da vierspurig ausbauen.

Noch ein P. S. zur Höhenstraße, die 2010 ihr 75-jähriges Jubiläum feierte. Diese ist mit 14,9 Kilometern die längste Straße in Wien, auch wenn sie deutlich weniger Hausnummern hat als etwa die Linzer Straße (letztere endet links mit Hausnummer 431 und rechts mit 512). Und sie steht wie alle Gebäude in öffentlichem Besitz unter automatischem Denkmalschutz. Oder stand. Denn der Denkmalschutz lief Anfang 2010 ab, was prompt zu einem Konflikt – Renovierung des teuren Kopfsteinpflasters oder lieber asphaltieren? – führte. Und natürlich umgehend starken Widerstand des Denkmalamts hervorrief. Vielleicht läuft aber auch alles wieder auf einen Kompromiss hinaus: Teilasphaltierung und Erhaltung eines (kleinen) Bereichs als museale Strecke. Ob dieser dann innerhalb oder außerhalb des Ortsgebietes von Wien liegen wird, bleibt abzuwarten.

Wien, eng

Ein beliebtes Spiel unter Touristen in Venedig ist es, so lange nach engen Gassen zu suchen, bis auch die jüngsten und kleinsten Mitglieder der Gruppe eine gefunden haben, die derart eng ist, dass sie beiden Seiten mit ausgestreckten Armen berühren können. Und irgendwann klappt das dann auch immer.

Derartiges würde man in Wien bei einer öffentlichen Verkehrsfläche nicht vermuten. Zwar gibt es auch hier, in Innenstadt wie in ehemaligen Vororten, einige auch in Wienerliedern gern besungene „alte enge Gasserln". Auf Armeslänge rückt hier die Bebauung aber kaum zusammen.

Dennoch, einen Fall gibt es, und noch dazu in einem nicht einmal besonders historischem Gebiet im dritten Bezirk. Unweit vom Rochusmarkt existiert an der Ecke Salmgasse/Siegelgasse ein schmaler Durchgang zur Czapagasse. Dort scheint sich ein Haus tatsächlich an das andere zu lehnen. Die minimale Breite liegt gerade einmal bei 1,2 Metern auf Bodenhöhe, korrekt asphaltiert und von einer kurzen Sonderanfertigung der üblichen Neon-Straßenbeleuchtung überspannt. Zwei sich darin begegnende Menschen können, wenn auch nur einer der beiden etwas korpulenter ausfällt, kaum berührungslos aneinander vorbeigehen. Im nicht seltenen Fall der Begegnung mit einem Radfahrer sollte man sich jedenfalls aus Sicherheitsgründen gegen eine der Wände lehnen.

Hoffentlich nicht zu viele Wiener Schnitzel gegessen!

Okay, die engste Gasse der Welt, die Spreuerhofstraße im Baden-Württembergischen Reutlingen, misst an der schmalsten Stelle nur 31 Zentimeter. Da kann Wien nicht mit. Aber immerhin.

Alt, aber veraltet

Wien trägt, wie wohl viele andere alte Großstädte der Welt auch, eine konservatorische, also bewahrende Eigenschaft in sich. Was durchaus ein sehr löblicher Zug ist, wenn es bedeutet, alte Baudenkmäler und Grünflächen nicht zu opfern. Bei uns wird das sogar konsequenter durchgeführt als an vielen anderen Orten der Welt. Und wenn es um Sitten und Bräuche geht, kann das durchaus auch was Liebenswertes mit der Tendenz zum Skurrilen haben. Wenn es aber in den sprachlichen Bereich, auf Orte und Dinge bezogen, geht, kann das Beibehalten von Altem schon sehr rasch wirklich seltsam und antiquiert anmuten.

Oft stammen bei uns solche Dinge aus der Kaiserzeit. Hier muss man aber ein Auge zudrücken. He, die Monarchie ist schließlich noch keine hundert Jahre abgeschafft! Ohne exaktes Wissen um die Zukunft kann man also durchaus noch von einem möglichen, wenn auch ausgedehnten Interregnum sprechen. Man weiß ja nie. Und touristisch bedeutend ist alles damit Zusammenhängende sowieso. Wirklich richtig veraltet wirken Dinge und vor allem Namen und Bezeichnungen aber besonders dann, wenn sie noch vor einer überschaubaren Vergangenheit, also bis vor ein paar Jahrzehnten bis plus minus ein Jahrhundert, aktuell und gebräuchlich waren – und heute völlig überholt sind. Im Allgemeinsprachlichen wären das etwa

Begriffe wie „wilde Ehe", „fernmündlich" oder auch „Haftschalen".

Die ältesten obsoleten örtlichen Begriffe Wiens finden sich natürlich in Straßennamen, welche oft Dinge und Orte bezeichnen, die es schon lange nicht mehr gibt. Etwa die Hetzgasse im dritten Bezirk, die auf das früher hier untergebrachte „Tierhetz-Theater" verweist, eine Art Kolosseum für Bello & Co. Oder der Name des Stadtteils Kaisermühlen, der sich auf die früher zahlreich anzutreffenden Schiffmühlen auf dem damals noch fließenden Donauarm namens Kaiserwasser bezieht. Nun, solche historisierende Bezeichnungen gibt es in jedem Bezirk zu Hauf, eigentlich in praktisch jeder Stadt und jedem Dorf. Sie sind zwar oft recht lehrreich und auch originell, aber dann doch wieder zu altbacken oder – bei aller Wertschätzung dieser Institutionen – bezirksmuseumshaft, um ihnen in diesem Buch der Seltsamkeiten allzu viel Raum zu gewähren.

Eine Ausnahme, oder eher einen Grenzfall, stellt für mich in diesem Zusammenhang jedoch die Rotunde dar. Denn nicht nur, dass noch heute gleich zwei Straßennamen (Rotundenallee und Rotundenplatz), sondern auch noch die Rotundenbrücke und die Haltestelle „Rotunde" der Lilliputbahn auf einen Bau verweisen, der nicht mehr da ist. Die Geschichte der einst furiosen Rotunde selbst und ihres wohl noch furioseren Brandes, eine der legendären Brandkatastrophen der Stadt, ist auch recht spannend. Aber weitgehend bekannt. Deshalb hier nur ein paar besonders schmackhafte Details:

Der 1873 für die damalige Weltausstellung errichtete Rundbau mit 108 Metern Durchmesser und 84 Metern Kuppelhöhe war als Treffpunkt, als Ausstellungsfläche und als Ort für offizielle Anlässe geplant und schließlich auch so eingesetzt. Allerdings wurde er zum Zeitpunkt der Eröffnung nicht fertig. Von da halfen auch der Triumphbogen inklusive Kaisermotto „Viribus unitis" und die über allem, nun, thronende Kaiserkrone auf der Dachspitze wenig. Außerdem ließ damals anhaltendes Schlechtwetter mit schweren Regenfällen und der gleichzeitige internationale Börsenkrach die ganze Weltausstellung mehr oder weniger ins Wasser fallen. Das Defizit war so enorm, dass – Ironie des Schicksals – nicht genug Geld da war, um die Rotunde wie geplant wieder abzureißen. Also blieb sie einfach stehen und wurde anfangs als Lager genutzt. Nach ein paar Jahren dann aber doch langsam auch für Ausstellungen. Später für militärische Zwecke, dann wieder für Ausstellungen und schließlich als Messezentrum. Und wurde dabei – wie in Wien üblich – von einem zuerst ungeliebten Überbleibsel (sie wurde etwa in zeitgenössischen Karikaturen mit einem Reifrock verglichen) zu einem geliebten Wahrzeichen. Besonders als sie 1937 plötzlich und spektakulär abbrannte. Und nur noch ihren Namen hinterließ. Übrigens entzündete sie bei ihrem Einsturz via Funkenflug

Die Rotunde: Reifrock mit Kaiserkrone

auch noch ausgerechnet die Feuerwache des Praters. Dieser Märtyrertod verhalf ihr endgültig zu ewigem Ruhm. Denn, wie sagte es doch Helmut Qualtinger einst so schön: „In Wien musst erst sterben, damit sie dich hochleben lassen. Aber dann lebst lang."

Nun aber zu rezenteren obsoleten Bezeichnungen. Wie „Vierte Donaubrücke" für die Prater-(Autobahn-)Brücke. Der Name hat sich zwar auch nach dem Bau der fünften Donaubrücke, wie die „Brigittenauer Brücke" eigentlich nie genannt wurde, gehalten, kann aber heute als verstorben angesehen werden.

Anders der Name „Zweierlinie". Der ist heute noch durchaus gebräuchlich und erfreut sich – vor allem staubedingt – allgemeiner Beliebtheit im Verkehrsfunk der Wiener Radios. Und, zugegeben, unter ihr verläuft ja auch die U2, die damit freilich wenig zu tun hat. Wie auch die letzte – vermeintlich – namensgebende Straßenbahn, welche dort bis 1980 verkehrte. Vermeintlich deswegen, weil das allgemeine Wissen älterer Wiener um die Namensherkunft der Zweierlinie, nämlich dass sich der Name von den früheren hier fahrenden Ustrabas (dazu gleich) E2, G2 und H2 herleite, nur zum Teil stimmt. Die Strecke heißt nicht deswegen Zweierlinie, weil die 2er-Straßenbahnen hier fuhren, sondern die hier früher verkehrenden 2er-Straßenbahnen hießen deswegen so, weil sie auf der „Strecke Nr. 2" des Wiener Verkehrsnetzes fuhren. Dazu jedoch mehr im Straßenbahn- und Telefonkapitel (siehe S. 165). Tatsache ist jedenfalls, dass diese sogenannten "Tangentialstraßenbahnlinien" mit der 2er-Erweiterung sehr lange zu den wichtigsten in ganz Wien gehörten und das Stadtbild stark mitprägten. Etwa an der Stelle, wo sie vom Karlsplatz kommend nach Konzerthaus und Eislaufverein eine 90-Grad-Kurve um das Hotel Intercontinental vollführten, und nach einer nicht zu verachtenden steilen Abwärtsstrecke mit einer weiteren 90-Grad-Kurve links auf den Heumarkt am Stadtpark vorbei Richtung Landstraßen einbogen.

Übrigens: Das Intercontinental bewohnte auch eines der fiktiven Lottchen aus Erich Kästners "Das doppelte Lottchen" ständig mit ihrem Vater. Aber das ist eine andere Geschichte ...

In der Heumarktgegend (über der Erde zu sehen) gehörten E2, G2 und H2 aber eigentlich zum Wiener Ustraba-Netz, womit wir wieder beim Thema alte Begriffe gelandet wären. Der Begriff Ustraba ist zum einen veraltet, bei älteren Wienern aber dennoch in Gebrauch, zum anderen jedoch auch wieder nicht veraltet. Denn die damit bezeichneten "Unterpflasterstraßenbahnen" (schönes Wort, gell?) verkehren zum Teil auch heute noch. Zwar hat sich die U2 der Gleise der ehemaligen Zweierlinie bemächtigt, aber im Bereich des Gürtels nutzen heute noch die Linien 1, 6, 18, 62 und die Badener Bahn das unterirdische Schienennetz.

Ach ja, der alternative Name "Lastenstraße" für die Zweierlinie ist sogar schon viel länger überholt. Bezeichnet er doch die ursprünglich Funktion dieser „äußeren Ringstraße", nämlich die eigentliche, als Prachtstraße gedachte „innere" Ring-Straße von Liefer- und Schwerverkehr frei zu halten. Der Vollständigkeit halber hier noch die tatsächlichen Namen der Lastenstraße(n) beziehungsweise der gesamten Zweierlinie:

Maria-Theresien-Straße, Universitätsstraße, Landesgerichtsstraße, Auerspergstraße, Museumsstraße, Museumsplatz, Getreidemarkt, Lothringerstraße, Johannesgasse, Am Heumarkt, Große Ungarbrücke, Invalidenstraße, Hintere Zollamtsstraße bis Radetzkystraße.

Es gibt in Wien auch noch andere Teile, in denen die Straßenbahn unterirdisch verkehrt, aber meistens sind das nur kurze Unterführungen oder Stationen. Wie auch unsere nächste Station, das Jonas-Reindl. Der Name ist nicht im eigentlichen Sinn veraltet, weil noch allgemein gebräuchlich. Aber, obwohl er heute geradezu semioffiziell verwendet wird, weiß kaum mehr jemand, wieso dieser innerstädtische Verkehrsknotenpunkt eigentlich so heißt. Was daran liegen dürfte, dass einerseits der Begriff Reindl, das eine Art Kochgeschirr bezeichnet, vom Aussterben bedroht ist und andererseits außer Zeitzeugen, Historikern und vielleicht Schulkindern kaum jemandem mehr der Bürgermeister (und spätere Bundespräsident) Franz Jonas geläufig ist. Aber nach beiden, zum einen wegen der Form, zum anderen wegen des zur Zeit der Eröffnung gerade ausgeübten Amts, heißt nunmehr seit 1960 die ober- wie unterirdische

Schleifenanlage der Linien 37, 38, 40, 41, 42, 43 und 44 neben der Hauptuni. Die von oben betrachtet mit etwas Fantasie eben als leicht topfförmig durchgeht.

Offiziell heißt die Station übrigens Schottentor, was natürlich auch auf ein nicht mehr existierendes Bauwerk – nämlich dem Tor der alten Burgmauer nächst dem Stift der Schotten – hinweist. Was für uns aber nur insofern von Interesse ist, als der Name die Grundlage eines der schönsten Schüttelreime ist, die ich kenne. Nämlich: „Der einst die Hottentotten schor, ist jetzt Friseur am Schottentor."

Zum Abschluss noch einige nicht örtliche Begriffe. Dass der ÖAMTC ausgeschrieben „Österreichische Automobil-, Motorrad- und Touring Club" heißt, ist bereits nett, weil kaum mehr jemand heute den Begriff Touring verwendet oder überhaupt weiß, was das heißen soll. Viel schöner noch aber ist der Hintergrund des Namens des nicht nur in seiner farblichen Symbolik roten Gegenparts aus der anderen Reichshälfte. Etwaigen nicht österreichischen Lesern muss an dieser Stelle gesagt werden, dass fast alle wesentlichen öffentlichen Einrichtungen in Österreich mindestens zwei Mal existieren, um dem unsichtbar dahinter liegenden, aber sehr effektiven Proporzsystem Genüge zu tun. Ein aufrechter Sozialdemokrat mit Schlaganfall wartet etwa lieber auf den Arbeiter Samariterbund als sich vom Roten Kreuz oder dem Rettungsdienst der Johanniter mitnehmen zu lassen. Naja, früher vielleicht einmal.

Aber während man in Deutschland bei einer Autopanne ganz selbstverständlich den ADAC ruft (also den „Allgemeinen Deutschen Automobil-Club") hat man in einem vergleichbaren Fall in Österreich auch heute noch die Qual der Wahl den ÖAMTC oder doch lieber den ARBÖ zu rufen. Nach der Namensbedeutung würde ich allerdings zum ersteren raten. Bedeutet doch ARBÖ nichts anderes als „Arbeiter-Radfahrer-Bund Österreichs". Wenn Sie also nun weder das eine noch das andere sind ... Nun, um ehrlich zu sein, offiziell heißt der ARBÖ heute *„Auto-*, Motor- und Radfahrerbund Österreichs", was sich aber in der Abkürzung (AMRBÖ?) bisher noch nicht niedergeschlagen hat.

Und auch das Angebot des WAT, Wiens größter Allround-Sportverein mit über 50 Sportplätzen und -stätten, von Tai-Chi über Pilates und Babyschwimmen bis zum Inline Hockey, geht über die Bedeutung seines Kürzels – Wiener Arbeiter Turnverein – doch etwas hinaus.

Wie auch der ASKÖ, einer der drei Sportdachverbände Österreichs, in seiner Ursprungsbedeutung sowohl noch die Arbeiter als auch die außer in FKK weitgehend ausgestorbene „Körperkultur" in sich trägt (*„Arbeiterbund* für Sport und Körperkultur in Österreich"). Wenn auch dieser mittlerweile auf *„Arbeitsgemeinschaft* für Sport und Körperkultur in Österreich" abgemildert wurde. Woraus wir lernen, dass hierzulande, egal ob Arbeiter oder nicht, der Körper immer noch zur Kultur gezählt wird.

Wiener Höhen und Tiefen

"Jede anständige Stadt ist auf sieben Hügeln erbaut", sagte einmal jemand zu mir, und wenn ich noch wüsste, wer es war, würde ich ihn gerne als Quelle nennen. Das bezieht sich natürlich vor allem auf Rom, das immer wieder gerne auf seine besondere geografische Lage auf sieben Hügeln pochte und pocht, beziehungsweise darauf, dass diverse Poeten diese (geologische) Tatsache neben anderen Euphemismen wie „die Ewige" (Stadt) als Umschreibung nutzten, um nicht dauernd einfach nur „Rom" schreiben zu müssen. Aber es gibt noch weitere Beispiele für auf sieben Hügeln errichtete Städte. Und es gibt Wien, mit einer erklecklich höheren Anzahl an Hügeln, Anhöhen und Erhebungen. Wobei ich mir jetzt nicht ganz sicher bin, ob diese Vielzahl den Wert erhöht oder mindert. Ich meine damit übrigens nicht die Berge rund um Wien, die ja immerhin bis zu 542 Meter (Hermannskogel) aufragen. Nein, ich meine die vielen kleineren und teilweise erstaunlich großen Unebenheiten, die auch in der inneren Stadt zu finden sind.

Ganz flach ist Wien ja praktisch nirgendwo. Zwar zählt Transdanubien geografisch betrachtet schon zum Marchfeld und somit zur pannonischen Tiefebene, aber auch im 21. Bezirk befinden sich Hügel und der Bisam-

nun ja -berg. Der seit dem Sprengen der darauf befindlichen Sendeanlage noch viel niedriger wirkt als zuvor.

Der 22. Bezirk ist da schon deutlich flacher. Aber dem wird durch die Mülldeponie Rautenweg (siehe in „Kurioses Wien" das Kapitel über die dort ansässigen Ziegen) Abhilfe geleistet, denn diese ist schon jetzt die höchste Erhebung der Donaustadt und wächst noch immer dank täglicher Ablagerung von neuer Schlacke aus Wiens Müllverbrennungsanlagen schneller in die Höhe als es kontinentale Plattenverschiebungen je bewirken könnten. Mit 45 Metern über dem Straßenniveau und 205 Metern über der Adria ist die Mülldeponie, eben nach dem Bisamberg, auch die zweithöchste Erhebung Wiens nördlich der Donau.

Apropos, neben Bergziegen findet sich auf der Deponie auch prominenter Schutt, nämlich die Überreste der 1976 eingestürzten Reichsbrücke, die erst 2007 wieder entdeckt wurden. Daraus bzw. aus einem Pfeiler fertigten die immer wieder erstaunlich einfallsreichen „48er" sogenannte „Glückssteine", die dann für karitative Zwecke am Christkindlmarkt verkauft wurden. Inwiefern Reste einer eingebrochenen Brücke für Glück sorgen sollen oder wogegen sie genau schützen sollen (Einbrüche aller Art?), ist allerdings nicht ganz klar.

Eine andere kuriose Begebenheit in der Geschichte der Mülldeponie rankt sich um eine Gruppe fanatischer Abtreibungsgegner, die entgegen jedem vorgebrachten

Argument davon überzeugt waren, das hier abgetriebene Föten entsorgt beziehungsweise endgelagert würden. Diese Gruppe versuchte durchzusetzen, dass auf dem Gelände der Deponie ein sogenanntes „Baby Holocaust Memorial" errichtet werde. Das gelang nicht, allerdings stellten sie außerhalb des Geländes ein Marterl zum selben Zweck auf, das aber 2006 wieder entfernt wurde.

Doch zurück zu den anderen Wiener Erhebungen. Es gibt sie überall auch im weitgehend flachen zweiten Bezirk, ja, dort sogar in Form von Rodelwiesen und Rodelstrecken. Inklusive Flutlicht- und Beschneiungsanlage (siehe erneut „Kurioses Wien"). So richtig bergig wird's aber erst nach dem Donaukanal. Nicht nur die Bezirke jenseits des Gürtels, also quasi der unmittelbare Alpenvorraum, zeichnen sich hier durch beträchtliche Steigungen und Gefälle aus, sondern auch Bezirke, die aufgrund ihrer schachbrettartigen Totalverbauung und die häufigen Blicke in Stadtpläne oder Navi-Anzeigen in unserem Hirn als eher flach abgespeichert sind. Aber geradezu das Gegenteil ist der Fall. Wenn man das auch nur in wenigen Fällen bemerkt.

Etwa wenn man mit dem Rad unterwegs ist. Als ich als Teenager vom ersten Bezirk kommend erstmals mit dem Rad einen in der Nähe des Reumannplatzes lebenden Freund besuchte, wurde mir zum ersten Mal keuchend bewusst, dass die Favoritenstraße im vierten Bezirk steil bergauf geht. Auch ein in Wien nicht perfekt ortskundiger Freund, dem ich nach einem Abend in einem Lokal im achten Bezirk riet, mit seinem Fahrrad einfach der 13A-Strecke zu folgen, verfluchte mich anschließend nachhaltig. Diese Strecke geht nämlich andauernd nur bergauf und bergab; oder wenn Sie erstmals mit einem Roller unterwegs sind oder ein Kind beaufsichtigen, dass auf einem Roller ungebremst der nächsten Kreuzung entgegen rast, z. B. die Seitengassen der Mariahilfer Straße Richtung Gumpendorferstraße; wenn Sie mit schweren Einkäufen bergauf unterwegs sind; wenn sie bei Glatteis unvermutet mehrere Meter abwärts rutschen; wenn Sie ein längeres Haus im Parterre betreten, aber später über einen anderen Ausgang im ersten Stock verlassen – beide auf Straßenniveau; in der Fahrschule, wenn sie unvermutet mitten in der Stadt die verhasste mit-angezogener-Handbremse-Anfahrtechnik anwenden müssen; oder bei starkem Regen: Als ich vor ein paar Jahren ein Geschäft in der Mariahilfer Straße verließ, das ich bei strömendem Regen betreten hatte, und zu meinem parkenden Auto in der Lindenstraße zurück wollte, hatte sich die Straße überraschenderweise in einen reißenden Bach verwandelt. Und ich übertreibe nicht!

Ja, die Hügel, Bergrücken und Täler sind zahlreich in den Bezirken drei bis neun, und es ist eine erstaunliche Verdrängungsleistung unseres Gehirns, dass uns das meistens nicht bewusst ist. Sigmund Freud hätte uns das sicher gut erklären können, schließlich lag seine

Ordination ja in der ebenfalls steil abfallenden Berggasse im Neunten.

Übrigens Berggasse 19. Was nicht alle Touristen so genau mitbekommen zu haben scheinen. Erklärt doch ein etwas genervt klingender englischer Text auf einer Tafel in der *Burggasse* 19, dass Sigmund Freud hier nie gelebt hat und klingeln daher zwecklos sei.

Das mit den verborgenen Bergen, nun, Erhebungen, gilt übrigens auch für den ersten Bezirk. Wer je an einem Laufwettbewerb auf der Ringstraße teilgenommen oder auch nur versucht hat, diese etwa auf Rollerskates zu umrunden, weiß um deren langen, langen, zermürbend langen Steigungen zum Gipfel (etwa zwischen Hofburg und Museumsquartier). Die Vorlaufstraße, die obere Marc-Aurel-Straße oder der Laurenzerberg sind sogar geradezu erschreckend steil. Wie sich eigentlich fast die ganze Gegend jenseits – eigentlich *über* – dem Franz-Josefs-Kai von Ende Schwedenplatz bis Maria-am-Gestade leicht als ehemaliges Steilufer zu einem der Hauptarme der Donau visualisieren lässt. Auch bei ehemaligen Basteiresten, wie gegenüber der Hauptuniversität, liegen manche Straßen in der Höhe vom zweiten Stock umliegender Gebäude.

Am auffälligsten ist die Hügelnatur aber an jener Stelle des ersten Bezirks, wo die Hohe Brücke (sic!) über den Tiefen Graben (sic!) führt. Es ist geradezu ein Wunder, dass man als Wiener diese Konstruktion, die aus manchen Blickwinkeln betrachtet wie aus einem

Wiener Niveaus: Hohe Brücke, Tiefer Graben

historischen Science-Fiction-Film stammen könnte, als ganz normal, ja im Stadtplangedächtnis als geradezu normale Kreuzung wahrnimmt.

Der Tiefe Graben ist – an der Oberfläche – der Rest einer der vielen Dutzend Bäche, die Wien einst durchflossen haben und heute teilweise noch unterfließen. In diesem Fall der Ottakringer Bach und später der Alserbach, die aber beide schon vor langer Zeit umgeleitet wurden.

Die Wipplingerstraße quert nun diesen Graben (vermutlich seit Römerzeiten, zumindest aber seit dem Mittelalter) per Brücke, als sei das nichts, in einer Höhe von über sieben Metern. Die komplette Verbauung beider Straßenzüge führt nun dazu, dass die Keller der Wipplingerstraße an dieser Stelle im ersten oder zweiten Stock der Häuser des Tiefen Grabens liegen. Wie das beim Zusammenwachsen der Häuserfronten einst in deren Innereien gelöst wurde, würde mich tatsächlich interessieren. Ähnliches gilt für den Bereich bei Maria-am-Gestade bei der Marienstiege oder bei der auf zwei unterschiedlichen Höhenniveaus liegenden und durch eine Stiege verbundenen Sterngasse.

Apropos, genau hier auf einer der ehemaligen Anhöhen der Innenstadt lag auch die Keimzelle des poströmischen Wiens. Der sogenannte Berghof lag ziemlich genau auf dem Areal des heutigen Häuserblocks Hoher Markt, Marc-Aurel-Straße, Sterngasse, Judengasse und war einst ein burgartiges, wehrhaftes Gehöft. Der Name wurde erstmals 1280 urkundlich erwähnt und bezieht sich auf noch davor liegende Zeiten des elften Jahrhunderts, als die Gegend noch heidnisch gewesen sein soll. Kein Wunder ist es jedenfalls, dass der Name des früher vor dem Berghof liegenden „Hohen Markts" (neben dem „Neuen Markt"), die ältesten noch bestehenden Namen für Wiener Verkehrsflächen darstellen. Der Name des Gehöfts wird damit erklärt, dass es sich hier um die Verwaltung und Verwertungsstelle von an den Berghängen des Wiener Waldes gelegenen Weingärten handelte. Darauf deuten auch alte Hausnamen in der Sterngasse, die damals sogar Pressgasse hieß, hin, wie „Zur Kleinen Presse" und „Zur Großen Presse".

Mag sein. Als jemand, der die Vorlaufstraße und obere Marc-Aurel-Straße schon mit Fahrrädern ohne Gangschaltung bezwungen hat beziehungsweise diese schon halsbrecherisch und ohne Helm mit Skateboards und Rollern hinabgesaust ist, kann ich nur sagen: Meiner Meinung nach ist es hier allemal bergig genug für einen Berghof.

Kulinarisches Wien

Die Geschichte Wiens ist auch eine Geschichte der Kalorien. Vor allem deshalb, weil die Wiener Küche jahrhundertelang durch böhmische und magyarische Einflüsse geprägt wurde. Und die Küche der Slawen und Hungaren zeichnet sich ja nicht in erster Linie durch gedämpftes Gemüse und Tofu-Häppchen aus.

Die Reihe der Bücher, Schriften sowie Websites zum Thema „Wiener Küche" sind Legion, weshalb sich dieses Kapitel weder der Frage widmen wird, welche Brösel man jetzt genau für ein Backhendl braucht, ob Mayonnaise oder eine Essig-Öl-Zwiebel-Mischung das Richtige für den Erdäpfelsalat ist oder ob bei der Sachertorte neben der unter der Schokokuvertüre befindlichen Marmeladenschicht auch eine Marmeladenschicht in die Mitte gehört (Sacher-Variante) oder nicht (Demel-Variante). In letzterem Zweifelsfall musste ja bekanntlich sogar einst Friedrich Torberg als Zeuge vor Gericht erscheinen.

Übrigens: Es gibt auch noch eine dritte Variante mit Ribiselmarmelade und Marzipan, die sich „Sacher-Masoch-Torte" nennt und für die „Kulturhauptstadt Graz 2003" erfunden wurde. Wie auch immer.

Nein, vielmehr soll es hier um wahre und falsche Herkunftslegenden und nicht zuletzt um sprachlich Verzwicktes gehen, das die heimische Cuisine schmückend umrankt.

Namen von Speisen können ja mitunter recht tückisch und irreführend sein. Insbesondere, wenn sie eine – scheinbare – Herkunftsbezeichnung enthalten. So kann mittlerweile als bekannt vorausgesetzt werden, dass das Wiener Schnitzel nicht aus Wien stammt, sondern aus Mailand. Auch wenn sich mit der Zeit eine etwas andere, genuine Zubereitungsform entwickelt hat, die unseren Touristen- und Exportschlager von einem auch hierzulande erhältlichen „Mailänder Schnitzel" unterscheidet. (Semmelbrösel versus Paniermehl, Schnitzelfleisch versus Kotelett, aber beides vom Kalb, wenn's wer genau wissen möchte.)

Dennoch gilt das Wiener Schnitzel mittlerweile geradezu als Wahrzeichen der Stadt, was man auch daran merkt, dass praktisch alle einheimischen Fast-Food-Ketten-Versuche jenseits von Burger, Pizza und Sushi sowie abseits des angestammten Würstelstands, das flache Panierfleisch im Namen führen: Schnitzlplatzl, Schnitzelhaus, Schnitz'l Land, Schnitzel Landmann ...

Wobei nicht überall Wiener Schnitzel drin ist, wo Wiener Schnitzel drauf steht. Etwa bei der US-amerikanischen Fastfoodkette „Wienerschnitzel". Diese besteht seit 1961 und ist mit mehr als 300 Restaurants Marktführer im Bereich ... Hot Dogs. Die Kette hieß bis 1971 „Der Wienerschnitzel". Zwar wurde der falsche Artikel dann – vermutlich weil zu peinlich – im Namen gekippt, aber heute noch spielt das Marketing der Firma damit. Speisen werden als „DERlicious" bezeichnet, es gibt

Das Notfall-Schnitzel in der Semmel, praktisch für unterwegs

Speisen „unDER $ 1" und man wird aufgefordert „to join DER club". Das alles kann man auf „DER Wiener Menu" nachlesen. Neben Hot Dogs gibt's dort Burger in allen Varianten. Nur keine Schnitzel. Aber das macht nichts, denn der Name „Wiener" im Firmennamen leitet gelernte Amerikaner sowieso zielrichtig auf das Hauptangebot: Würstchen. Denn heiße Würstchen heißen in den USA generell „Wiener", womit wir gleich beim nächsten Thema sind. Nämlich den Frankfurtern – einem furiosen Welterfolg aus Wien.

Im Gegensatz zum Wiener Schnitzel, das eben nicht aus Wien stammt, kommen die Frankfurter in gewisser Weise schon aus Frankfurt. Aber auch wieder nicht, weshalb der Rest der Welt durchaus recht hat, wenn er die Würstchen als Wiener Würstchen (Deutschland), Wienerli (Schweiz), Wienerkorv (Schweden), Salchicha de Viena (Spanisch), Wiener (Portugal, USA) etc. bezeichnet. Wobei das Wort „Wiener" (gesprochen „Uina") gerade im Englischen noch eine weitere sehr verbreitete Bedeutung angenommen hat. Aber die gehört eher in den Bereich des Sex-Kapitels.

Genau genommen ist die in Wien übliche Bezeichnung Frankfurter Würstchen eine historisch korrekte Referenz an die eigentliche Heimat der laut Codex Alimentarius Austriacus „zu den Brätwürsten zählenden und unter den Verkehrsbezeichnungen Frankfurter, Wiener Würstel, Sacher-, Tee-, Cocktailwürstel bekannten Fleischwaren". Denn tatsächlich kennt man in

Frankfurt schon seit dem Mittelalter Frankfurter Würstchen. Und die wurden in Wien von einem eingewanderten fränkischen Fleischhauer namens Johann Georg Lahner eingeführt, der sein Gewerbe in Frankfurt erlernt hatte. Aber er veränderte das Rezept entscheidend: Denn im Gegensatz zum Original, das aus reinem Schweinefleisch besteht, mischte Lahner Rindfleisch hinzu und schuf damit eine neue originäre Sorte. Die Mär, dass die Frankfurter bei uns Frankfurter heißen, weil ihr Erfinder ein Frankfurter namens Frankfurter gewesen sei, ist also nur eine ebensolche. Apropos originär: Die Bezeichnung Sacherwürstel für die meist etwas längere Variante der Frankfurter ist ebenfalls eine freie Verkehrsbezeichnung. Doch nur das Hotel Sacher selbst darf die Bezeichnung „original" oder „echt" davor setzen.

Zur letzten Verwirrung sei noch beigetragen, dass die Bezeichnung Frankfurter Würstchen auch außerhalb von Österreich verbreitet ist, aber nur in der Schweiz und in Deutschland. Und dort meint man damit originale Frankfurter. Im Rest der Welt gibt's aber die Wiener Variante. Siehe auch die Figur „Frank N. Furter" in der „Rocky Horror Picture Show", der wohl so heißt, weil er in Wirklichkeit ein armes Würstel ist oder aber weil er recht freizügig in der Verwendung seines „Wieners" ist ...

Ein anderer Wiener Welterfolg, nicht minder furios, ist ein Gebäck, dessen Herkunft man ihm aber weder namentlich noch herstellungstechnisch anmerkt: der – US-amerikanische – Bagel (sprich „bejgl").

Unter einem Bagel versteht man ein rundes Gebäck mit Loch in der Mitte, das auf eine lange Tradition ostjüdischer Herkunft zurückgeht und das sich im Zuge der ostjüdischen Auswanderung in die USA und nach Kanada immer größerer Beliebtheit erfreute. – Um heute als etwas Amerikanisches wieder nach Europa zurückzukehren. Die Herkunft zumindest des Namens und vermutlich auch der Form lässt sich aber auf Wien zurückführen, wo die nahen Verwandten des geschmacksneutralen (also weder süßen noch salzigen) Bagels heute noch existieren. Nämlich die Beugel oder auch Beigel, vor allem in den Varianten Nuss und Mohn. Den allerdings nicht ringförmigen und exklusiv süßen Gebäckstücken sieht man die gemeinsame Namensherkunft sogar noch deutlicher an: Sie sind *gebogen*. Allerdings ist auch das Loch in vielen Bagels eher dreieckig und nicht rund wie etwa in Doughnuts, was auf den ähnlichen Formungsvorgang bei der Herstellung verweist.

Ob der Name nun von der Form geBOGENer Hufeisen oder aber direkt von SteigBÜGELN herrührt, ist ungewiss. Als sicher gilt aber, dass das Gebäck unter dieser Bezeichnung in Wien nach der zweiten Türkenbelagerung 1683 seinen Anfang nahm. Die Legende besagt, dass es zu Ehren des Befreiers von Wien, des polnischen Königs Jan Sobieski, der mit seinen Reitern

Wien „entsatzt" hatte und auch ein bekannter Pferdenarr war, erfunden wurde. Und dass er es in Folge heim nach Krakau brachte. Eine weitere Variante besagt, dass das Gebäck in Krakau schon viel früher, um 1610 in jüdischen Kreisen bekannt war, aber nach der Türkenbelagerung von einem jüdischen Bäcker aus Krakau eben in Wien zu Ehren des Königs zubereitet wurde. Wie auch immer, den Namen erhielt der heutige Bagel mit ziemlicher Sicherheit hier, wurde in Krakau vom schwer auszusprechenden Beugel zum jiddischen Bejgl und nahm von dort aus seinen Siegeszug um die Welt auf. Und hinterließ in Ostösterreich sowie in der Slowakei und Ungarn seine süßeren Geschwister.

Nicht aus Wien stammen, aber immer wieder mit Wien assoziiert werden der Guglhupf und die Palatschinken. Beide sind uralte Süßspeisen, die sich historisch weit zurück datieren, sowie weltweit in vielen verschiedenen, aber doch ähnlichen Formen nachweisen lassen. Man denke nur an die dünnen französischen Crêpes und die dicken deutschen Pfannkuchen, zwischen denen die heimische Palatschinke wie so oft einen österreichischen Kompromiss darstellt. Weil die Wortherkunft beider Kalorienbomben aber besonders interessant ist, sei diese hier noch kurz erwähnt.

Beim Guglhupf sind sich Etymologen nicht einig. Außer, dass das Wort weder etwas mit „Kugel" oder „Hügel" noch mit „hüpfen" zu tun hat. Eine Version besagt, dass der Name von „cuculla", was so viel wie Kapuze bedeutet und auf die Form verweist, herstamme. Das ist aber nicht ganz korrekt , denn Kapuze heißt eigentlich „cucullus" und „cuculla" bezeichnet die „Mönchskutte", was jetzt optisch nicht so wahnsinnig viel Sinn ergäbe. Weshalb eine andere Version plausibler erscheint, nachdem mittelalterlichen Mönchen beim Eintritt in den Orden ein Festgebäck gegeben wurde, das „cuculla offa" hieß. Wobei „offa" so viel wie Stück oder Bissen bedeutet. Also eine Art süße Gabe anlässlich des Anlegens des Mönchsgewandes. Und aus „cuculla offa" könnte sprachlich sehr leicht Guglhupf werden. Dann wäre dieser sozusagen ein „Mönchs-(kutten-)Stück". Und man genösse ihn wohl am besten mit einem Cappuccino, ein weiterer furioser Wiener Welterfolg, der sich – obwohl durchaus italienisch – von einer älteren Wiener Kaffeespezialität, dem Kapuziner, herleiten läßt.

Einfacher erklärt ist die namentliche Herkunft der Palatschinke(n). Zu uns kam das Wort aus Ungarn, wo es „palacsinta" heißt bzw. „palacinta" im früher ja größtenteils ungarischen Rumänien. Das erste „a" ist dabei eine Einfügung, weil es im Ungarischen keinen Doppelkonsonanten im Anlaut gibt. Die ursprünglichere Form bewahrt noch unter anderem das Ukrainische, wo sie „blintschiki" heißen. Die etymologisch unbestrittene eigentliche Herkunft ist aber Lateinisch, denn hier bedeutet das Wort „placenta", schlicht: Kuchen. Auch wenn wir mit Plazenta heute nur eine ganz bestimmte Art von Kuchen meinen, den man nicht sehr nahe bei den Palatschinken ansiedeln würde ... Vom selben Wort stammen übrigens auch die deutschen „Plätzchen" ab.

Nota bene: Palatschinken gibt es in Wien nur im Plural, weshalb man – wie bei den Frankfurter Würstchen – traditionellerweise auch immer zwei serviert bekommt. Und nur auf Anfrage und sehr ausnahmsweise nur ein Einzelstück.

Zuletzt noch ein heute wenig bekanntes Schmankerl der Wiener Küche, das unter anderem auf die eingangs erwähnten Kalorien verweist: die sogenannte „Olio-Suppe". Dass diese zum jährlichen Hofball für rund 2000 Gäste zubereitete Suppe heute nirgendwo mehr angeboten wird, liegt großteils wohl an der Anzahl der Zutaten der ursprünglichen Rezeptur. Denn selbst wenn man das Rezept auf vier Personen herunterrechnete, würde man für die Zubereitung 13 (!) verschiedene Fleischsorten benötigen.

Hier die gesamte Liste aller Zutaten in Originalmengen:

10 kg Rindfleisch, 10 kg geräuchertes Schweinefleisch, 10 kg ungeräuchertes Schweinefleisch, 3 kg Ochsenleber, 8 kg Hammelfleisch, 12 kg Kalbfleisch, 16 Kalbsfüße, 8 kg Rehfleisch, 5 Enten, 3 Gänse, 5 Wildgänse, 10 Tauben, 8 Rebhühner, 550 l Wasser, viel Petersilie, 10 Karotten, 15 Stangen Lauch, 10 Zuckerrüben, 10 Sellerieknollen, 5 kg Zwiebel, weißer Pfeffer, Ingwer, Muskatnuss, Muskatblüte und Gewürznelken.

Nach dem Kochen wurde die Olio-Suppe gefiltert und mit Cognac und Portwein abgeschmeckt. Zum Schluss wurde das Süppchen mit in Zucker glacierten Kastanien serviert.

Dem Aufwand angemessen war für sie eine eigene Küche reserviert, die „Olio-Küche", eine der zwölf Hofküchen. Der Name des Gerichts stammt übrigens nicht, wie man leicht annehmen könnte, vom italienischen Wort für Öl, das im Rezept ja auch gar nicht vorkommt, sondern vom spanischen „Olla podrida", was so viel wie Eintopf bedeutet. Obwohl man die meisten Bestandteile der am Wiener Hof auch als „Spanischen Suppe" bekannten Bouillon vor dem Verzehr aus der Brühe entfernte.

Natürlich Wien

Dem Wiener ist seine Natur heilig. Egal ob auf den Höhen des Wienerwaldes, in den zahllosen Parks, und sei es nur ein Beserlpark, und natürlich nahe den vielen Wasserflächen, insbesondere den abgetrennten Armen des früheren Verlaufs der Donau. Bevorzugterweise genießt der Wiener seine Natur natürlich sitzend plus Getränk, was sich vor allem in den Natur-Konsum-Kombinationen Heuriger, Biergasthäuser (besonders im Prater und böhmischen Prater) und auch Schanigärten zeigt. Sowie bei den in die Hunderte, wenn nicht Tausende gehenden, von den Blicken uneingeweihter Passanten verborgenen Gaststätten in den begrünten Innenhöfen jedes auch noch so zubetonierten Bezirks. Wer etwa in den grauesten Gegenden nahe des Gürtels eines der vielen scheinbar kleinen und unansehnlichen Gasthäuser betritt, findet sich oft nach ein paar Schritten tiefgebräunten Holzbohlenfußbodens unversehens in einem opulenten Innenhof mit alten Bäumen, Kieswegen und zahllosen Tischen. Daher empfiehlt es sich in solchen Gegenden auf Hinweise wie „Gastgarten" oder „Gartenbetrieb" auf den Kreidetafeln vor dem Lokal zu achten, gleich neben „Schnitzel vom Kalb" oder „Donnerstag Schlachtplatte". Oder man tritt einen Flug über die Innenhöfe Wiens per Google Earth an.

Kleine etymologische Unterbrechung: Die Bezeichnung *Beserlpark* für minimalste Parkanlagen stammt vermutlich aus der Zeit des Ringstraßenbaus. Damals wurden alle Bastionen, also die alten Stadtmauern, abgerissen, die breiten neuen Straßen gebaut und neue Bäume gepflanzt. Da die Basteien auch Zonen mit einigen Grünflächen waren, wurde etwa entlang des Franz-Josef-Kais eine neue Parkanlage errichtet. Die Jungbäume dort ragten jedoch lange Zeit eher dürr und unansehnlich wie in den Boden gerammte Reisigbesen aus der Erde, was die spöttischen Bewohner der Kaiserstadt erstmals dazu inspirierte solche Parkanlagen eben als „Parks der kleinen Besen" vulgo „Beserlpark" zu bezeichnen.

Als *Schanigarten* hingegen bezeichnet man jeden auch nur einzelnen Tisch mit Sessel, den ein Gastwirt beim ersten Aufblitzen eines Sonnenstrahls, sei es noch Februar oder schon November, zwecks Bewirtung vor seinem Lokal auf die Straße stellt. Diese „Gärten" können aber auch gigantische Ausmaße annehmen. Der Name stammt angeblich von dem Spruch mancher Wirte, die ihren Lehrbuben dazu aufforderten „den Garten hinauszustellen". Diese Lehrbuben hießen zwar nicht alle Schani (Koseform von Jean, französisch für Hans), aber der Name ist im Wienerischen einerseits synonym mit dem Piccolo im Kaffeehaus, bezeichnet aber auch generell eine Person im Abhängigkeitsverhältnis bzw. jemanden, dessen Dienste ausgenutzt werden. Wie in dem Ausruf: „Hearst, i bin do net dei Schani!"

Ein Schanigarten im Miniformat – Hauptsache bequem!

Da die Sitte des Schanigartens aber nachweislich bereits auf das 18. Jahrhundert zurückgeht, als der Kaffeesieder Giovanni Taroni Tische und Stühle vor sein Café am Graben stellte, was die anderen Kaffeehausbesitzer sehr schnell imitierten, und ein weiterer Meilenstein im Zuge dieser Entwicklung das sogenannte „Limonadenzelt" war, ein Sommercafé, dass ein gewisser Giovanni Milani ab 1789 auf der Burgbastei betrieb, könnte der Begriff durchaus auch von einer französierten Variante des Vornamens dieser beiden Herren stammen.

Noch was: Leuten (wie mir), die anlässlich der Zeitumstellung im Frühjahr und Herbst nie wissen, ob sie ihre Uhren jetzt eine Stunde vor oder zurückstellen sollen, hilft der „Schanigartentrick". Im Frühling stellt der Wirt seinen Garten VOR die Tür, analog wird die Uhr eine Stunde vor gestellt, im Herbst trägt er den Garten wieder ZURÜCK in sein Lokal, daher werden die Uhren um eine Stunde zurück gestellt. Schön, oder? Dabei tut es nichts zur Sache, dass Wirte, Kaffeehausbesitzer wie Piccolos die Sitzgelegenheiten samt schmückenden Blumenkästen, die wohl das Feigenblatt für die Bezeichnung Garten darstellen, eigentlich jeden Abend wieder hineintragen ...

Eben genannter Trick gehört zu den besten jahreszeitlich bedingten, die ich kenne, neben dem, der meint, dass der Weltspartag das Signal dafür ist, die Sommerreifen auf Winterreifen umstecken zu lassen.

Modernere Zeitgenossen können statt des Weltspartags übrigens auch Halloween nehmen, das wie auch noch der wichtigste protestantische Feiertag, der Reformationstag, auf genau den gleichen Tag fällt. Nämlich den 31. Oktober.

So, aber wo waren wir eigentlich gerade? Ah ja, beim Wiener und seinem Verhältnis zur Natur. Nun, Wien gilt flächenmäßig als die grünste Hauptstadt der Welt. Was leicht sein kann, wenn man die vielen durchaus noch zum Stadtgebiet gehörenden Felder im Süden und vor allem Nordwesten, die flussbegleiteten Grünflächen (allein die elf Kilometer lange Donauinsel), die bewaldeten Hügel und Berge sowie die an ihren Baumgrenzen befindlichen Weingärten dazurechnet.

Aber, was nicht so viele Einheimische, die – zu Recht oder Unrecht – patriotisch stolz auf die vielen Kulturdenkmäler der Stadt sind, wissen: Es gibt auch viele und eigens geschützte „Naturdenkmäler" in Wien.

Zuständig ist natürlich eine Magistratsabteilung – und worum es im Detail geht, zitiere ich am besten von deren Website (http://www.wien.gv.at/umweltschutz/naturschutz/gebiet/naturdenkmal.html). Denn, Hand aufs Herz, so könnte ich das nie formulieren ...

Sowohl den amtlichen Teil: „Einzelne Naturgebilde können durch Bescheid der Naturschutzbehörde zum Naturdenkmal erklärt werden. Das sind Naturgebilde, die wegen ihrer wissenschaftlichen oder kulturellen Bedeutung oder wegen ihrer Eigenart oder Seltenheit oder wegen ihres besonderen Gepräges, das sie der Landschaft verleihen oder wegen ihrer besonderen Funktion für den Landschaftshaushalt erhaltungswürdig sind."

Wie auch den, nun, mehr lyrischen, Teil: „Als Naturdenkmal qualifiziert sich eine Hervorbringung der Natur, angesichts deren imposanter Erscheinung sich der Mensch innerlich verneigt". Chapeau!

Laut Info handelt es sich bei dem „häufigsten Gegenstand des Naturdenkmalschutzes mit großem Abstand um Einzelbäume sowie Baumgruppen". Dies spiegle „einerseits die städtische Situation, andererseits die ursprüngliche Idee des Naturdenkmalschutzes wider." Dass es sich aber auch um Fragen des Umweltschutzes dreht, erfährt man ein wenig weiter unten: „Die Schutzkategorie Naturdenkmal wurde in den letzten Jahrzehnten inhaltlich um ökologische Aspekte ergänzt. Dies schlägt sich insbesondere in der Ausweisung von ökologischen Zellen als flächige Naturdenkmäler nieder." Das heißt so viel wie: „Unter anderem sind dies Standorte seltener Tier- oder Pflanzenarten, Tier- oder Pflanzengemeinschaften, Quellen, sonstige Oberflächengewässer, Felsbildungen, erdgeschichtliche Aufschlüsse oder Erscheinungsformen."

Die Naturdenkmäler, damals noch „historische Baum- und Naturwunder", wurden erstmals 1936 registriert und sind seit damals auch gesetzlich geschützt. Der Begriff Naturdenkmal selbst stammt von Alexander von

Humboldt der ihn anlässlich der Begegnung mit einem beeindruckenden Mimosenbaum während einer Südamerikareise prägte.

Der Text der amtlichen Website, abgesehen von den Passagen, die darauf hinweisen was man alles bei und mit einem Naturdenkmal nicht machen darf – nota bene: abholzen, zubauen und gefährden – endet dann wieder philosophisch: „Dennoch verdankt der Naturdenkmalschutz seinen Stellenwert im Bewusstsein der Bevölkerung nach wie vor dem unmittelbaren ästhetischen Zugang. Das Aufmerksamwerden auf eindrucksvolle Naturgebilde steht oft am Anfang einer tiefer gehenden Beschäftigung mit der Natur."

Um einen Einblick in die „üblichen" Naturdenkmäler zu geben, hier die komplette Liste für den ersten Bezirk (nur Bäume): Japanischer Schnurbaum (Stadtpark), Kaukasische Flügelnuß (Stadtpark), Morgenländische Platane (Volksgarten), Persische Parrotie (Schmerlingplatz), Tulpenbaum (Rathauspark), Geschlitztblättrige Rotbuche (Rathauspark), Platane (Rathauspark) – drei Stück, Ginkgobaum (Stadtpark), Morgenländische Platane (Singerstraße 11), Platane (Dr. Karl Lueger-Platz).

Eine Broschüre über Wiens Naturdenkmäler kann man übrigens auch auf dieser Website herunterladen. Neben anderen Broschüren wie „Krötenschutz ist Artenschutz" oder „Lebensraum Hecke". Oder auch „Wohnservice für Wildtiere" – vermutlich eher keine Abteilung von Wiener Wohnen.

Neben Bäumen können auch größere zusammenhängende Gruppen wie Alleen, Baumreihen und kleinere Waldbestände sowie andere „faunistisch und floristisch wichtige Flächen" wie zum Beispiel Auwaldreste, aber auch „geologische Erscheinungsformen mit erdgeschichtlicher Bedeutung" zu Naturdenkmälern erklärt werden.

Dazu jeweils ein paar Beispiele. Da wären einmal die Donaureste namens „Mauthner- und Krebsenwasser" (Naturdenkmal Nr. 646) im zweiten Bezirk, Überbleibsel einer veritablen Aulandschaft. Womit Wien nicht nur jenseits der Donau, sondern quasi auch mitten in der Stadt authentischen Urwald vorweisen kann. Ähnlich der „Tote Grund" (Naturdenkmal Nr. 718), ein Gewässer mit einer Länge von einem Kilometer und bis zu 200 Metern Breite und ebenfalls ein Auwaldrelikt, diesmal mitten auf der Donauinsel im 22. Bezirk auf der Höhe Kraftwerk Freudenau. Der tatsächlich gar nicht so tote Grund gilt als „Ökozelle", die – floristisch – Pappeln, Weiden, Eschen, Weißdorn und Hartriegel sowie – faunistisch – Eulen und Käutzchen eine sichere Heimat bietet.

Eine Art künstlichen Urwald gibt es im Auer-Welsbach-Park im 15. Bezirk, zwischen Schloss Schönbrunn und dem technischen Museum gelegen, umgeben von U-Bahnen, Straßenbahnen und KFZ-Hauptverkehrsrouten. Der Park wurde 1890 als „Schönbrunner Vorpark" bewusst im Gegensatz zum barocken Schlossgarten im englischen Stil errichtet. Und hier findet sich auf dem Areal eines ehemaligen Kinderfreibads ein Bereich, der unter dem Titel „Stadtwildnis" einfach sich selbst überlassen wird.

Wer in diesem Zusammenhang das Verschwinden von früheren wilden, brachen Gegenden in der Stadt vermisst, die durchaus liebevoll „Gstätten" genannt wurden, der sei auf eine weitere Broschüre diesmal der „Wiener Umweltanwaltsschaft" verwiesen. Diese gibt nämlich seit mehreren Jahren sehr erfolgreich einen sogenannten Gstättenführer heraus („Am Anfang war die Gstätten – Wiener Stadtwildnisflächen"), der die letzten dieser wilden Naturspielplätze auflistet und beschreibt.

Doch zurück zu den photosynthetisierenden Denkmälern.

Im 16. Bezirk ist im Wolfsgraben der Standort der in Mitteleuropa sehr seltenen Grünen Schneerose (Naturdenkmal 90) geschützt. Wer mehr über diese Blume wissen will, hat aber mehr Glück, wenn er im Internet nach der viel weniger poetisch klingenden „Grünen Nieswurz" sucht.

Fotos von Autos die in Nordamerika durch Löcher in den berühmten Mammutbäumen fahren, kennt wahrscheinlich jeder. Weniger bekannt dürfte sein, dass es auch in Wien Mammutbäume gibt. Nicht ganz so große, aber mit immerhin bis zu fünf Metern Stammumfang und über 30 Metern Höhe. 20 Stück dieser erstmals schon vor 1900 hierher importierten Bäume sind in Wien als Denkmäler registriert. Wie die vier über 100 Jahre alten Mammutbäume in einem Garten im 17. Bezirk (Naturdenkmal Nr. 694) oder der ebenfalls in einem Garten „stockende" Mammutbaum im 13. Bezirk (Naturdenkmal Nr. 83).

Manchmal ist das Naturdenkmal auch einfach nur eine eher unscheinbare Wiese. Oder eine Ansammlung von Büschen. Wie der sogenannte Donauprallhang (Naturdenkmal Nr. 752) am Ende in der Baumgasse im dritten Bezirk. Also mitten in der Stadt, mitten im Siedlungsgebiet, gleich neben der Schlachthausgasse und der „Arena". Ein industriell wirkendes Gebiet und wirklich keines, das man mit Natur oder sogar einem Naturdenkmal in Verbindung bringen würde. Dennoch genau hier liegt die „Stadtwildnis Donauprallhang". Dabei handelt es sich um den Rest eines recht steil abfallenden Ufers (vergleiche Kapitel „Wiener Höhen und Tiefen" Seite 67) eines alten Donauarms, den es aber schon lange nicht mehr gibt. Geschützt ist hier sowohl die einzigartige Stadtwildnis, die sich inklusive Singvögel, Säugetiere und Amphibien daraus entwickelt hat, als auch seine kulturhistorische Bedeutung: Der Linienwall, die einstige zweite Stadtmauer um Wien, traf genau an dieser Stelle auf die Donau.

Ein Beispiel für ein rein menschlich bedingtes Naturdenkmal ist ein Bergwerk aus dem Neolithikum (Naturdenkmal Nr. 441), auf der Antonshöhe im Maurer Wald im 23. Bezirk. Hier wurde bis in die 20er-Jahre hinein Bergbau betrieben – und nach einer Sprengung im Jahr 1924 menschliche Skelette, Tierknochen und Scherben prähistorischer Gefäße entdeckt. Um 2500 vor Christus (und somit auch weit über zwei Jahrtausende vor den Römern) schürften hier Steinzeit-Wiener nach Feuersteinen, wovon Funde wie Teile großer, gelochter Hämmer aus „Grünstein" (Diabas), Klopfsteine aus weißlichem Quarzit und Fackelreste aus Rotföhren und Stieleichen zeugen. Feuersteine wurden für Waffen und auch zum Feuermachen benötigt. Die Vorstellung von Steinzeitwienern die andere Steinzeitwiener mit „Host a Feia?" oder noch besser „Host an Tschick?" anreden, ist da zwar verführerisch, aber anachronistisch. Tabak kam ja schließlich erst nach der Entdeckung Amerikas nach Europa.

Wiens ältestes, noch vorhandenes Naturdenkmal und eines der ersten, das bereits 1936 unter Schutz gestellt wurde, ist die sogenannte „Tausendjährige Eibe" (Naturdenkmal Nr. 3). Die steht auch mitten in der Stadt, und zwar am Rennweg 12 im dritten Bezirk. Nach der Überlieferung ist sie der Rest eines uralten Eibenhaines aus der Römerzeit.

Apropos Baum und Tausend. In Wien gibt es nicht nur Bäume, die Denkmäler sind, sondern auch Denkmäler für Bäume, die nicht mehr sind. Ein solches kann jeder Spaziergänger an der Alten Donau am Ufer neben der Lagerwiese bewundern. Dort verweist ein Schild auf den früher hier wurzelnden „Tausenderbaum",

Kein Baum, sondern ein Schild

eine wahre Sportlegende sowie floristisches Opfer des Zweiten Weltkriegs. Für Details übergebe ich erneut an den ausführlichen, amtlichen O-Ton der Tafel: „An dieser Stelle stand der sogenannte „TAUSENDERBAUM", eine Schwarzpappel, welche bis zu ihrer Zerstörung durch Bombentreffer im Jahr 1945, die letzten 1000 Meter einer Ruderregatta bzw. den Start bei einer Jugendregatta kennzeichnete. Durch die Krümmung der Alten Donau musste bei Ruderregatten eine Richtungsänderung vorgenommen werden, welche am Tausenderbaum erfolgte.

Ihre Magistratsabteilung 45 Wasserbau"

Pizzabotenverwirrung

Die Nummerierung der Häuser Wiens folgt strengen und genauen Regeln. Nach der Abschaffung der sogenannten Konskriptionsnummern, die mehr oder weniger nur eine willkürlich fortlaufende Nummerierung aller damaligen Häuser Wiens darstellte und die man heute noch gar nicht so selten als Tafeln in den Hauseingängen findet, wurde alles genau festgelegt. Also: Radialstraßen, das sind solche, die vom Zentrum wegstreben, werden stadtauswärts nummeriert, die geraden Nummern rechts, die ungeraden links. Querstraßen, die meist um das Zentrum herumführen, im Uhrzeigersinn vom Beginn der Straße weg, wobei ebenfalls die geraden Nummern rechts, die ungeraden links stehen. Plätze werden kreisförmig im Uhrzeigersinn nummeriert. Dieses System heißt auch „Winkler'sches System der Hausnummern" nach ihrem Mitentwickler, dem Unternehmer Michael Winkler, der praktischerweise als Schilderfabrikant auch gleich die entsprechenden Schilder lieferte.

Doch keine Regel ohne Ausnahme: Die Fred-Liewehr-Gasse in Hietzing wurde als einzige in Wien irrtümlich falsch herum nummeriert, das heißt die geraden Hausnummern befinden sich auf der linken Straßenseite und die ungeraden auf der rechten Seite. Aber deswegen wird sich der Kammerschauspieler und Sänger vermutlich auch nicht in seinem Ehrengrab der Stadt Wien umdrehen.

Normalerweise hat also – Dank Herrn Winkler – in der Bundeshauptstadt alles seine nummerierte Ordnung. Also, seine relative, denn natürlich kann aber ein Bau, wenn er an einer Straßenecke steht, auch manchmal zwei Nummern haben. Oder ganze Siedlungen oder Gebäudekomplexe tragen nur eine Nummer. Hinter der Adresse „1230 Wien, Anton Baumgartner Straße 44" etwa, verbirgt sich der Wohnpark Alterlaa mit 3172 Abgabestellen für etwa 10.000 Bewohner. Und werden Baulücken geschlossen oder finden andere Veränderungen statt, welche die Nummerierung durcheinanderbringen würden, werden Buchstaben zu den Hausnummern hinzugefügt. Dann steht etwa das Haus 11A neben dem Haus 11.

So weit, so gut, so ordentlich.

Aber irgendwann einmal hat da irgendetwas Magistratisches nicht funktioniert … und so kommt es, dass es die Adresse Pramergasse 8 zwei Mal gibt. Und zwar nicht, weil es diesen Straßennamen zwei Mal geben würde. Das kommt zwar auch vor, aber dann kann man diese wie im Fall der zwei Wiener „Sterngassen" anhand ihrer Postleitzahlen (1010 bzw. 1230) auseinanderhalten. Nein, die Pramergasse gibt es nur ein einziges Mal. Im neunten Bezirk. Die Hausnummer 8 aber doppelt.

Und zwar in Form eines Altbaus direkt an der Straße sowie eines Neubaus mit drei Stiegen, von denen zwei weiter innen im Häuserblock liegen. Letzteres ist nicht weiter ungewöhnlich, denn es kommt in Wien ja auch oft vor, dass man ein Haus von der Straße aus betritt, es durchschreitet, einen Hof überquert, bevor man ein völlig anderes, manchmal freistehendes, manchmal an andere Gebäude angrenzendes Haus betritt, das dieselbe Hausnummer, aber eine andere „Stiegennummer" besitzt.

Nicht so aber in der Pramergasse. Hier reiht sich Haus 8 an Haus 8, was schon allein verwirrend genug wäre und natürlich dauernd zu Fehlzustellungen bei Post und Botendiensten führt. Wahrhaft kafkaesk wird die Situation aber, wenn man weiß, dass die Stiegen 2 und 3 des *neuen* Hauses Pramergasse 8 nur durch den Hauseingang Pramergasse 10 betreten werden können. Was somit auch endgültig den Titel dieses Kapitels erklärt.

Die doppelte 8 – wer ist da jetzt nicht verwirrt?

Wie Wien heißt

Wien heißt schon ziemlich lange Wien. Aber bevor Wien Wien hieß, hieß es anders. Wie anders, weiß man nicht genau, aber dass der heutige Name von früheren Formen abstammt, die zumindest ähnlich klingen, hört sich logisch an und ist auch weithin akzeptiert. Vermutlich aber hieß Wien nicht zuerst Vindobona. Zwar spielt der Name des Römerlagers vermutlich schon auch eine Rolle in der Namensgebung der heutigen Stadt, aber da sich mittlerweile immer mehr herumspricht, dass die Römer Wien nicht gegründet haben, sondern der Raum Wien auch schon lange vor ihnen besiedelt war, bieten sich weitere und weitaus ältere Möglichkeiten an.

So ist neben altsteinzeitlichen Spuren und einer durchgehenden Besiedelung seit der Jungsteinzeit auch eine keltische Siedlung namens „Vedunia" bekannt. Dieser Name bedeutet „Waldbach" (von denen es ja im Raum Wien jede Menge gab und immer noch gibt), und es ist leicht vorstellbar, dass die Römer diesen Namen über Umwege als Grundlage für ihr Vindobona verwendet haben. Wobei andere Quellen und Sprachforscher in dem Namen eher die keltischen Bestandteile „uindo-", was soviel wie „weiß" bedeutet und „bona", das „Gründung, Stadt", vielleicht aber auch „Quelle" bedeutet, erkennen.

Wobei noch anzumerken gilt, dass wahrscheinlich nicht das römische Lager, das vermutlich an der Stelle einer älteren keltischen Siedlung errichtet wurde, den Namen Vindobona trug, sondern die außerhalb gelegene Zivilstadt in der Gegend des heutigen dritten Bezirks.

Die südwestliche Grenze des eigentlichen Lagers war übrigens der heutige Graben, der damals wirklich ein Graben war und vom (abgeleiteten) Ottakringerbach durchflossen wurde, der dann nach dem Stephansplatz abbog und durch die Rotenturmstraße in die Donau mündete.

Der zweite Teil „-dobona" klingt für unwissenschaftliche Ohren auch verlockend nach Donau – eine weitere mögliche Quelle des Namens? Sprachforscher sagen nein und verweisen auf das lateinische „Danuvius", das wiederum auf ältere keltische Quellen zurückgeht. Aber zur Donau an einer anderen Stelle des Buches mehr (siehe S. 104).

Jedenfalls findet sich die nächste gesicherte Erwähnung des Namens der Stadt im Jahr 881. Und zwar in den sogenannten „Salzburger Annalen", in denen von einer Schlacht gegen die Magyaren berichtet wird, die „apud Weniam" (bei Wien) stattgefunden hat. Es ist allerdings nicht ganz klar, ob damit die Stadt gemeint war oder der heute gleichnamige Fluss.

Wie viele andere alte Städte hat Wien in anderen Sprachen historisch bedingt auch andere Namen. So wie man heute noch auf Deutsch Mailand zu Milano, Preßburg zu Bratislava oder Prag zu Praha sagt, sagt man – eigentlich in allen – anderen Sprachen zu Wien was anderes als Wien. Wenn auch meistens etwas (phonetisch) Ähnliches. Vienna oder Viena ist wohl die verbreittteste Variante, die neben Englisch vor allem in den meisten romanischen Sprachen und im Litauischen verwendet wird. Die Niederländer sagen Wenen. In manchen slawischen Sprachen klingt der Name nach dem vierten Bezirk Wieden: nämlich Videň (Tschechisch), Viedeň (Slowakisch) und Wiedeń (Polnisch). Ob es da einen historischen Bezug gibt, ist ungeklärt.

Der Name „Wieden" leitet sich übrigens von dem Begriff „Widum" ab, was so viel bedeutet wie „immobiles Vermögen der Pfarrpfründe". Was eine volksetymologische Fehldeutung des Namens hervorrief, nämlich hier als Ursprung den Begriff „Weide" zu vermuten, weshalb das Bezirkswappen heute noch ein Baum schmückt. So etwas kommt allerdings öfter vor, zeigt doch etwa das kombinierte Wappen des Bezirks Landstraße für den Bezirksteil Erdberg dessen altes Wappen, auf dem eine Erdbeere zu sehen ist.

Noch außergewöhnlicher ist der slowenische Name für Wien, Dunaj, der stark nach Donau klingt, welche aber im Slowenischen wiederum Donava heißt. Vermutlich stammt die Namensverwirrung von irgendwelchen Überschneidungen im Dunkel der Geschichte.

Der noch seltsamere Name Bécs im Ungarischen, den es auch in der Variante Beč im Serbischen, Kroatischen und Bosnischen gibt, ist leichter zu erklären. Er beruht auf der Bezeichnung Beç für Wien in der alten osmanischen Amtssprache, ist also eigentlich Türkisch. Witzigerweise heißt Wien im modernen Türkisch aber Viyana ...

Zum Schluss noch ein paar andere Namen für Wien, unter Auslassung phonetischer Umwandlungen anderer Schriftsysteme: Albanisch – Vjenë, Altnorwegisch – Vínarborg, Esperanto – Vieno, Estnisch – Viin, Irisch (Gälisch) – Vin, Isländisch – Vín, Jiddisch – Vin, Kurdisch – Viyen, Maltesisch – Vjenna, Tagalog – Biyena, Vietnamesisch – Viên, Walisisch – Fienna.

Unter den phonetischen Umschreibungen ist wohl die japanische Variante die hübscheste. Hier heißt Wien nämlich Uuin.

Ach ja, und auf Schwedisch heißt Wien ... einfach Wien. „Because nix gibt's, wos' ned gibt", wie mein alter Englischlehrer gerne sagte.

Wien am Sand

Wie auch im Kapitel über den Wienfluss ausgeführt (siehe S. 114), hat Wien seit der Regulierung und Einbettung seiner Flüsse und Bäche ein eher unentspanntes Verhältnis zu ihnen. Andere Großstädte wie Paris, Prag oder auch Budapest leben viel näher an und direkter mit ihren Strömen. Wien und die Wiener eher nicht.

Wobei es gewaltige Unterschiede gibt. Die meisten größeren Bäche – es gibt an die 30 größere und kleinere in Wien – verlaufen heute im verbauten Gebiet unterirdisch und sind so der öffentlichen Wahrnehmung und Nutzung entzogen. Ganz anders die abgetrennten Altarme der Donau. Diese sind meist naturbelassen und werden auch fleißig als Erholungsgebiete genutzt. Vor allem, aber nicht nur, die Alte Donau.

Ganz anders verhält es sich mit der heute eigentlichen Donau selbst, an deren Gestade kaum je ein Wiener zu stehen kommt. Nur weit im Norden und weit im Süden kann man hier so etwas wie Leben an und mit dem Fluss, etwa in Form von Fischrestaurants und Wegen nahe am Wasser finden. Dazwischen dominieren breite Straßen, Werften, Industriezonen, Schienen und Rangieranlagen den Handelskai und trennen so die Stadt und ihre Bewohner weitgehend vom Fluss. Vielleicht wird sich das mit der Umwandlung der Donau in Wien durch die Kraftwerksanlage zu einem stehenden

Gewässer und dem Ausbau der Wassersportmöglichkeiten durch und neben dem „Yachthafen" Donau Marina ja langsam ändern. Noch ist es aber nicht so weit.

Aber sogar an der Neuen Donau, dem ehemaligen „Entlastungsgerinne" stößt das Leben nur selten wirklich ans Wasser. Zwar verlaufen hier die Wege schon recht nahe an dem viele Kilometer langen sauberen stehenden Gewässer und es wird auch zum Baden genutzt, aber eine richtige Verwebung passiert auch hier nur gemächlich. Beim sommerlichen Outdoor-Gastronomie-Höhepunkt „Copa Cagrana" etwa. Oder weiter südlich im FKK-Gebiet und bei Gaststätten, wie das selbstironisch und nicht zu Unrecht so benannte „Mosquito".

Und beim Wassersportzentrum an der Schleusenbrücke Wehr 1 mit Wasserskisprungschanze und Wasserskilift. Ja, der Wasserskilift, falls den jemand noch nicht kennt. Eigentlich typisch Österreich, Wassersport mit alpinen Techniken zu verbinden: Man stellt sich auf einem Steg mit Matte auf seine H2O-Ski oder sein „Wakeboard", hält sich an einem Bügel fest und wartet, bis dieser via langer Leine in das schnell kreisende Seil der Liftanlage einrastet. Hat man den Ruck überwunden und die Brettln unter den Füßen sicher auf das Wasser gehievt, kann man sodann, und wenn es einen in den Kurven nicht raushaut, seine Kreise und Runden ziehen. Keine unelegante Lösung für ein motorbootfreies Gewässer.

Wirklich fremd sind sich Wiener und Fluss vor allem im innerstädtischen tiefen Betonbecken des Donaukanals. Nördlich und südlich des ersten Bezirks finden zwar Spazier- und Radwege mehr oder weniger nahe zum Fluss (der aber eher als Kanal empfunden wird), ja, es gibt auch Parkanlagen und Bänke ... Aber so richtiges Fluss-Feeling will da nie so recht aufkommen. Und je näher man der Innenstadt kommt, umso größer wird die Kluft. Völlig anders als etwa an den Seine-Ufern von Paris.

Kurz noch zu den Bänken am Donaukanal. Sind sonstige Outdoormöbel sowie Gestaltungen der Grünflächen Wiens auch mustergültig, gehören jene, welche die alten Bänke an den Ufern durch seltsame blaue Folterinstrumente ersetzt haben, zumindest mit feuchten Waschlappen geohrfeigt. Vielleicht soll ja das Ersetzen der Sitzflächen und Rückenteile durch – sicher auch wetterstabile – parallel verlaufende gebogene Metalldrähte, das Trocknen beschleunigen und/oder Sandler vom Belegen und Übernachten abhalten ... sie halten aber auch den ganz normalen Passanten, insbesondere Kinder und Pensionisten davon ab, sich hinzusetzen, auszuruhen oder in der Natur zu verweilen. Wer kein Fakir ist oder sich nicht mindestens eine gefladerte Sonntagszeitung unter den Toches legt, kann nicht (länger) auf dem Zeug sitzen. Bequem schon gar nicht, romantisches Kuscheln ist sowieso ausgeschlossen.

Diese Folterbänke treten gehäuft an den Donaukanalufern des dritten Bezirks auf, wo auch bis vor gar nicht allzu langer Zeit ein echtes Relikt des Alten Wiens, nun, verkehrte. Nämlich eine Passagierfähre. Klarerweise ist so ein Fluss in der Stadt auch eine lästige Unterbrechung, der man bautechnisch vor allem, mit Brücken zu Leibe rückt, gehäuft anzutreffen an Verkehrsknotenpunkten wie der Innenstadt. Weiter draußen sind diese Bauwerke weil teuer in Errichtung wie Erhaltung, seltener. Was nun Motoristen aller Zeiten nicht so inkommodierte bzw. inkommodiert, Fußgänger aber sehr wohl, weil spärlich gesäte Brücken oft gehörige Umwege bedeut(et)en. Die Lösung früherer Zeiten war simpel und effektiv. Fährschiffe, also eigentlich an Seilen befestigte Fährboote, also noch eigentlicher Kähne kleinsten Ausmaßes kreuzten beständig hin und her und brachten den Fahrgast für einen kleinen Obulus über die Donaukanalwellen. Im Laufe der Zeit und eben mit wachsender Motorisierung verschwanden diese Kähne. Aber einer auf Höhe Jesuitenwiese-Haidingergass trotzte der Zeit und beförderte im Laufe der Jahre immer bunter angehaiselt, bis ins neue Jahrtausend hinein Passagiere. Aber dann ging eine Ära zu Ende und an der Stelle der letzten Fähre spannt sich seit 2003 der fast vollständig aus Holz errichtete „Siemenssteg" (offiziell Erdberger Steg) für Fußgänger und Fahrradfahrer über den Kanal. Nördlich der Innenstadt ereignete sich die gleiche Geschichte beim, auf der

Höhe Seegasse (Alsergrund) und Augarten (Leopoldstadt) gelegenen, Siemens-Nixdorf-Steg, der wirklich so heißt, noch ein zweites Mal. Nur hat sich hier alles schon gut zehn Jahre früher abgespielt.

Diese Fußgängerstege sind bereits ein Tribut an die sich wandelnden Zeiten, in denen eben Fußgänger, Radfahrer oder sich auf anderen Rollen und Rädern bewegende Mitbürger ihr Recht auf die Stadt und die öffentlichen Verkehrsflächen zurückfordern. Siehe Fußgängerzonen. Heute kaum vorstellbar, dass noch vor 30 Jahren PKWs über den Stephansplatz fuhren und das optische Bild von Graben und Kärntner Straße dominierten.

Womit wir über Umwege punktgenau wieder beim Thema gelandet sind. Die behinderte Annäherung des Wieners an seine innerstädtischen Gewässer. Wobei nicht nur die Regulierung des Donauarms nächst der City, die ja nun schon ziemlich lang her ist, sondern auch die Ausbauten der Autostraßen an dieser Entfremdung schuld sind. Denn so gab es früher etwa am Franz-Josefs-Kai eine breite, teilweise begrünte Promenade direkt an den Otto-Wagner-Geländern und daneben nur eine mäßig breite und befahrene Straße. Später führte der Ausbau der Autorouten neben dem Donaukanal zu als Einbahn angelegten, mehrspurigen Schnellverbindungen zur endgültigen Trennung zwischen Wohngebieten und Fluss. Beides, das tiefe, steil abfallende Becken und die surrende Straße dahinter verhindern jetzt auch schon seit vielen Jahren eine erfolgreiche Wiederannäherung.

Allerdings gibt es langsam aber sicher auch einige erfolgreiche Versuche der Rückeroberung der Neuen Donau als Lebensraum für Wien-Bewohner, wie die „Summer Stage" im neunten Bezirk, welche einen Teil des Uferparks jeden Sommer in eine gut besuchte Gastromeile, inklusive Kinderunterhaltung und Live-Musik verwandeln.

Weiter zur Innenstadt hin dokumentiert aber ein anderer Erfolg eigentlich eher das Scheitern der ursprünglichen Bemühungen. Der Versuch in den 80er-Jahren hier zwischen Augartenbrücke und Salztorbrücke rund um einen dort verankerten, kleinen schwimmenden Glaspavillion in eine Freizeitzone mit Shuffleboard, Fahrradhindernisstrecke etc. zu schaffen, lockte die Wiener nicht wirklich an die eigentliche Betonwüste des Uferwegs. Nur die Gastronomie rund um die Salztorbrücke führt, auch gepusht durch diverse regelmäßige Events nach wie vor ein durchschnittlich erfolgreiches Schattendasein. Aber im Vergleich zur verschwisterten Lokalszene am Fluss, der Copa Cagrana bei der Reichsbrücke, kann man nur sagen: kein Vergleich.

Doch nun zum eingangs erwähnten Erfolg: kurz ver. Mehr zur Augartenbrücke hin zeigte und zeigt Wien wie so oft, das es in der Lage ist, innerstädtische Konflikte zu kalmieren und schließlich zu absorbieren.

So was von legal! Sprayen am Donaukanal

Kam es mit dem Anbruch der Sprayer-Kultur in anderen Großstädten jahrelang zu Verfolgungsjagden zwischen Polizei und Künstlern, zu Prozessen, Verurteilungen, Gegenbewegungen, stellte man in Wien der Szene schon bald nach ihrem Entstehen kurzerhand eigen Strecken und Flächen zur Verfügung, wo sie nach Herzenslust sprayen können. Wie eben am Kanal.

Nach der Salztorbrücke stromabwärts stößt man gleich auf das nächste Relikt der vielen Belebungsversuche: die DDS Johann Strauss alias Clubschiff. Ein permanent verankerter ehemaliger Passagierdampfer, der hier seit Jahrzehnten ein wechselvolles Schicksal zwischen Konzertcafé und Clubbing-Location fristet. Auch nicht schlecht, aber diese Fleckerln waren den Stadtplanern als absolut ungenügend schon lange ein Dorn im Auge und man versuchte und versucht bis heute die Lücke zwischen ersten und zweiten Bezirk zu schließen und die Menschen wieder an den Fluss heranzuführen. Denn der Busparkplatz Schwedenplatz als unrühmliches Ende der zivilisierten City ist einfach unbefriedigend. Noch dazu, wo hier die Anlegestelle nicht nur der die Leopoldstadt umrundenden Touristenschiffe sondern auch die der modernen und coolen Städteverbindung nach Bratislava/Pressburg liegt. Pläne, auch gewagte, gab es viele, unter anderem die transparente aber begehbare Überdachung des Flusses zwischen zwei Brücken. Neu entstanden ist mittlerweile aber zumindest eines: Eine architektonisch interessante moderne Anlegestelle mit Restaurationsbetrieb, die einerseits die tiefe Stufe von Straßenniveau zu Flussniveau harmonischer erscheinen lässt und sich zugleich als begehbare Klammer über das Geländer in Richtung Fluss hinauslehnt und ihn so doch ein wenig in die Innenstadt integriert. Man darf gespannt sein, was dem vielleicht noch alles folgt.

Bereits vorhanden sind jedoch schon weitere Fleckerlteppichfleckerln am Flussufer, die allesamt den kuriosen Geist der Stadt weitertransportieren und spinnen. Vor allem zu nennen: das Badeschiff, die Strandbar Herrmann, Adria Wien und den Tel Aviv Beach. Denn der Wiener hat nicht nur Schmäh und nutzt ihn zur Kommunikation, nein, er mag auch besonders gern Institutionen und Orte, die einen gewissen Schmäh in ihrem Grundgedanken transportieren. Der Donaukanal hat keinen Strand und man kann auch nicht in ihm schwimmen. Gerade dem entgegenwirkende paradoxe Fakten zu schaffen, gefällt dem Einheimischen. (Wie auch die Umwandlung des Rathausplatzes je nach Saison in eine Open-Air-Oper, eine schwule Promi-Ball-Show oder eine mäandernde Eislaufstrecke.)

Also etwa, wenn jemand auf die Idee kommt, auf den an sich seit der längst vergangenen Zeit der Strombäder nicht mehr beschwimmbaren Donaukanal ein Schiff mit einem Swimmingpool zu setzen, weshalb man de facto dann doch irgendwie in ihm schwimmen kann. Oder auf ihm, schwer zu sagen.

Die Rede ist vom sogenannten Badeschiff. Und das liegt zwischen Schwedenbrücke und Urania vor Anker und besteht aus zwei ehemaligen Lastkähnen. Der eine, höhere hat ein Sonnendeck mit Swimmingpool à la Kreuzfahrtschiff. Dahinter der zweite, quasi als niedriger Anhänger, besteht praktisch nur aus einem Becken, in dem man aber tatsächlich mehr oder weniger auf Stromhöhe schwimmen kann. Die Pools sind temperaturbedingt nur teiljährig zum Baden geöffnet, das Badeschiff aber ganzjährig für diverse Events. Wie Clubbings im „Laderaum" oder Essen im „Holy Moly!", seit kurzem GaultMillau-Zwei-Hauben-gekrönt. Die neuesten Pläne beinhalten angeblich die winterliche Nutzung der Schwimmbecken als Aquarien ...

Noch ein kleines Stück weiter flussabwärts, an der Mündung des Wienflusses in den Donaukanal, gegenüber der Urania, liegt die älteste erfolgreiche Strandunternehmung der Wiener Innenstadt: die Strandbar Herrmann. Auf einem toten Winkel des Kanalufers, einst nur von hoffnungsfrohen und geduldigen Fischern und wenigen spielenden Kindern genutzt, errichtete ein Visionär eine „Strandbar". Diese früher wüste Ecke trägt auch den strandbarnamensgebenden Namen Herrmann-Park. Nach dem 1839 in Klagenfurt geborenen Emanuel Herrmann, dem Erfinder der Postkarte. (Und ich schwöre, ich erfinde diese Dinge nicht.)

Die Strandbar selbst, also im wesentlichen eine Gastronomie mit großer Sandfläche plus strandtypischen

Liegestühlen, wurde 2005 errichtet und besonders durch die WM 2006 und die EM 2008 (als „Swiss Beach") als ideale Location für public outdoor viewing von Fußballereignissen bekannt. Der Pavillon der Strandbar wird ganzjährig genutzt.

Ebenso wie der Pavillon der nächsten Strandlocation „Adria Wien", womit wir uns auf die andere Seite des Donaukanals ans Leopoldstädter Ufer, aber wieder ein gutes Stück stromaufwärts, zurück zur Salztorbrücke hin begeben. Auch hier gibt's schon seit langem im Sommer Strand und Liegestühle.

Wie auch auf dem noch ein Stück weiter stromaufwärts gelegenen und noch ein Stück glamouröseren „Tel Aviv Beach". Der jüngste (errichtet 2009) und der mondänste der „Strände" am Donaukanal. Gleich neben und unterhalb des sogenannten „Schützenhauses". Ein weiteres Wiener furioses Kuriosum der Abteilung „unvollendet". Das blau-weiße Jugendstiljuwel von Otto Wagner, war nämlich die Behausung eines technischen Wunderwerks, das hier die „Staustufe Kaiserbad" regulieren sollte mit dem Ziel den Donaukanal in einen Handels- und Winterhafen umzuwandeln. Die Stufe wurde zwar fertiggestellt, aber für zwei weitere, zur Realisierung des Plans notwendigen Stufen fehlte das Geld. Wer weiß, wie sich die Beziehung der Wiener zu ihrem Kanal entwickelt hätte, wäre etwas daraus geworden. So blieb nur das an sich auffällige Gebäude, das aber kaum einem vorbeifahrenden oder vorbeigehenden Wiener je auffällt.

Doch zurück zum „Tel Aviv Beach". Der Bezug zu dem berühmten israelischen Originalstrand ist natürlich ironisch bezogen auf die Lage am Ufer der ehemaligen „Mazzesinsel", also dem langjährigen Judenghetto und späteren Hauptwohnbereich der Wiener Juden in der Leopoldstadt. Direkt gegenüber vom Flex und direkt an einem Ausgang der umgebauten U2-Station Schottenring gelegen, hat der Tel Aviv Beach auch die meiste Sonne der am Donaukanal liegenden Gastrostätten, da auf der anderen Seite Richtung Sonnenbahn nur weniger hohe Bauten liegen. Mit der gewaltigen Ausnahme des Ringturms natürlich, der aber von der breiten Baulücke der einmündenden Ringstraße gefolgt wird.

Zum Schluss sei noch ein weiterer Wiener Sandstrand erwähnt, der sogar ganz ohne Fluss auskommt. Zwar liegt er gewissermaßen am Wienfluss - der aber an dieser Stelle unterirdisch verläuft. Denn in Innenstadtnähe ist der Wienfluss derart ver- und zugebaut, dass eine – physische wie emotionale – Annäherung an ihn maximal beim Überschreiten der Stege oder auf der Terrasse des Steirerecks im Stadtpark möglich ist. Wie auch immer. Gemeint ist jedenfalls das Areal des Wiener Eislaufvereins am Wiener Heumarkt, das früher im Sommer - nicht unlogisch - zum Tennisspielen genutzt wurde. Und nun seit 2000 jeden Sommer – wesentlich unlogischer – zur gut besuchten, von einer abwechslungsreichen Gastronomie umkränzten Sandfläche mutiert. Man sitzt, plaudert, trinkt. Am Rande können die selten mitgenommenen Kinder im Sand spielen. In der Dunkelheit wirkt das Ambiente durchaus sommerurlauberisch, und man kann sich dort wie auch an den anderen Stränden der Innenstadt durchaus in einen Kurzurlaub am Meer hineindenken. Oder -trinken. Aber obwohl schon ziemlich kurios verwundert das im Endeffekt eigentlich wenig. Denn der Wiener (und Österreicher schlechthin) schätzt seine mit Alkoholkonsum verbundenen sommerlichen Freiluftaktivitäten. Und dazu ist ihm – siehe Schanigärten (siehe S. 85) – fast jede Möglichkeit und Ausrede recht. Sogar Sandstrände in Betonwüsten.

Am Wienfluss ging's einst hoch her.

Da Asterix und seine Hawara

Der Fluch des Erfolges gebiert Monster. Oder manchmal auch Krewegerln. Oder Skurriles. Oder so manches, das zwar eigentlich blöd ist, dann aber wieder doch nicht.

Gut, jetzt wieder weniger kryptisch. „Es is nix mit die zweiten Teil", spottete einst Johann Nestroy und meinte damit nichts Geringeres als Goethes „Faust. Der Tragödie zweiter Teil". Und da hatte der Nestroy wohl nicht so unrecht, denn „Faust I." ist ja tatsächlich nicht nur ein sprachlich geniales Werk, angefüllt mit philosophischen und psychologischen Weisheiten und Wahrheiten, sondern auch schlicht ein super Actionreißer: Tod, Teufel und Dämonen, Sex (Walpurgisnacht), Drugs (Auerbachs Keller, Hexenküche et al.) und Rock'n'Roll (noch mal Walpurgisnacht) haben zum großen Erfolg dieses Stücks beigetragen – und fehlten fast völlig in dem beschaulichen und nachdenklichen zweiten Teil, der sich eher als Lesedrama für Intellektuelle eignet als für opulente Bühnenspektakel. Und ja, ich weiß, dass es die opulenten Bühnenspektakel auch gab. Trotzdem.

Aber abseits dieses göttlichen Dichterfürsten führten unerwartete Erfolge anderer Werke schon oft zu Fortsetzungen, Nachahmungen und Spin-Offs, deren

Qualität jedoch weit hinter der des Originals lagen. Das muss zwar nicht immer so sein – siehe etwa die zahllosen Permutationen der „CSI"- oder auch „Star Trek"-Fernsehserien, denen man, wenn man sie überhaupt mag, durchaus recht hohen Unterhaltungswert zubilligen kann – ist aber leider oft so. (Wo dieses Buch einzureihen ist, überlasse ich dem geneigten Leser.)

Konkret ist die Rede aber nicht von Fausts, sondern von einem anderen, nun, furiosen Welterfolg, dessen Geschichte in Fortsetzung(en) seit vielen Jahren eher einer Hochschaubahn und einem steinigen Weg gleicht, als einer, nun, altrömischen Triumphstraße samt dazugehörigen Bögen. Gemeint ist natürlich Asterix. Über den Wert und den Erfolg dieser Serie viel zu erzählen, wäre, als würde man Hinkelsteine nach Gallien tragen. Oder so ähnlich.

Denn Asterix gehört einerseits unbestritten zu den besten Comic-Serien der Welt. Egal welchen Maßstab – optisch, inhaltlich, sprachlich, künstlerisch – man anlegen möchte. Andererseits genügt schon eine einzige Tatsache, um den breiten Erfolg der Serie zu erklären: Wenn ein neuer Asterix-Band erscheint, ist er in Deutschland automatisch das meistverkaufte Buch (Buchhandelsobjekt) des Jahres. Und das schon alleine wegen der Vorbestellungen. Und das trotz der wackeren Bemühungen des durchaus wohlmeinenden Zeichnersn den Mythos „Asterix" Band um Band zu schmälern, wenn nicht gar zu entzaubern:

Denn Albert Uderzo, zweifellos einer der besten Comic-Zeichner der Welt, ist, wenn er gerade eine sehr geniale Phase hat, ein mittelmäßiger, andernfalls ein, nett gesagt, unterdurchschnittlicher Autor.

Das unbestrittene inhaltliche Genie hinter der Serie war aber eben stets ihr Texter René Goscinny. Das kann man auch daran erkennen, dass andere von ihm verfasste Comic-Serien nach seinem Tod im Jahre 1977 seinen Wegfall ebenfalls nur schwer verkrafteten. „Lucky Luke", der seine zweifellos besten Bände dem Talent Goscinnys verdankte, überstand den Verlust noch vergleichsweise gut, da die Abenteuer des einsamen, aber glücklichen Kuhhirten Lukas auch schon zuvor von verschiedenen Autoren verfasst worden waren und auch danach wieder einige gute bis sehr gute Texter die Lücke füllten. Anders bei „Die Abenteuer des Kalifen Harun-al-Pussah" besser bekannt als die Serie „Isnogud". Diese verschwand nach dem Tod Goscinnys in der Versenkung und fand außerhalb von Frankreich kein großes Interesse mehr.

Bei Asterix verlief die Sache anders. Die Serie war und ist einfach „too big to fail". Und deswegen übernahm ihr Zeichner – in der Meinung, nach 24 gemeinsamen Bänden könne nur er allein den Geist des genialen Zweierteams fortsetzen – auch die Agenden des Autors. Beim ersten Solo-Band „Der große Graben" fiel seine deutlich schwerere und zugleich oberflächlichere erzählerische Hand noch nicht so auf. Denn, man muss es an dieser Stelle ehrlich zugeben: Auch die letzten Bände von Goscinny konnten trotz so manchen genialen Einfalls nicht mehr ganz an die Glanzzeit der Serie heranreichen. Die weiteren Bände von Uderzo waren von nett („Die Odyssee") über befremdlich („Asterix und Maestria") bis haarsträubend („Gallien in Gefahr") oder nichtssagend („Asterix & Obelix feiern Geburtstag"). Und führten unter anderem zu einem anhaltenden Frust unter den Comic-Schaffenden wie -Händlern des deutschsprachigen Raumes, in dem das Medium Comic ja bis heute nicht so ist wie etwa im frankophonen oder skandinavischen Raum.

Denn Hunderttausende, wenn nicht Millionen Menschen, die mit Asterix aufgewachsen sind und diese Serie meist als einzigen Comic bis in ihr Erwachsenenleseverhalten hinübergerettet haben, warteten und warten lieber bis zu fünf Jahre auf einen neuen (und dann unbefriedigend schlechten) Asterix-Band, als dazwischen etwas anderes aus dem reichhaltigen Internationalen Angebot an Comics und Graphic Novels zu testen, das ihren – erwachsenen – Bedürfnissen und Geschmäckern vielleicht sogar mehr und besser entsprechen würde.

Was (neben der Frage, was das alles in einem Wien-Buch zu suchen hat) schon bald zu der Frage führte, was der arme, darbende Ehapa-Comic-Verlag in den vielen Asterix-losen Jahren zwischen den programmierten Bestsellern bloß publizieren sollte? Die Antwort lautete: einerseits Sonderbände, Sonderbände, Sonderbände, etwa mit unbekannten alten Kurzgeschichten, Asterix-Lexika sowie immer neuen Re-Editionen, mal Hardcover, mal Softcover, mal im Schuber, mal klassisch schreibmaschinengelettert, mal comicophil handgelettert (handgeschriebene Buchstaben in den Sprechblasen), mal mit neuen Titelbildern ...; Und andererseits mit immer neuen Sprachausgaben. Womit wir uns langsam auch wieder dem eigentlichen Thema dieses Buches – zur Erinnerung: Wien – annähern.

Verschiedene und ausgefallene Sprachausgaben haben bei Asterix Tradition. Neben dutzenden Ausgaben in den Landessprachen rund um den Globus (wie eine von hinten nach vorn zu lesende Edition in Hebräisch), gab es da etwa die berühmten Ausgaben in Latein. Dann noch welche in Altgriechisch und sogar in Esperanto. Und in zahllosen Regional- und Minderheitensprachen. Etwa eine Ausgabe in Walisisch. Oder in Baskisch. Ja, sogar im sprachlich sehr zentralistischen Frankreich gab es Regionalausgaben, wie etwa eine bretonische. Inhaltich sogar sehr sinnvoll, da die Bewohner des kleinen gallischen Dorfes streng genommen keine Franzosen sondern eben Bretonen sind.

Und auch noch so kleine Länder brachten Ausgaben in ihrer oft nur von einem Teil der Bevölkerung gesprochenen Sprache. Wie etwa seit 1987 eine Luxemburger Ausgabe in Lëtzeburgesch. Das ist übrigens ein deutscher Dialekt und da ... ja, da hatte dann irgendwann mal jemand in den Stuben der deutschen Verlagsanstalt eine Idee: Warum nicht Asterix-Ausgaben in Regional*dialekten* produzieren? Der Mär nach war die erste Dialektversion eines Asterix-Albums eine private. Ein schwäbischer Student in Tübingen übersetzte für seine ebenfalls dort studierenden Freunde aus anderen Teilen Deutschlands eine Asterix-Geschichte ins Schwäbische, um ihnen einen Einstig in diese ihnen fremde Dialektsprache zu bieten. Dieses wurde anschließend zum – erfolgreichen – publizistischen Versuchsballon. Und damit zum Prototyp einer ganzen Welle von Asterix-Dialektausgaben, welche die darbenden Comic-Monogamisten unter den Asterix-Lesern dazu brachte, die immer selben Bände immer und immer wieder zu kaufen. In ihrem eigenen Dialekt, in ihren Lieblingsdialekten – oder schlicht in allen neuen Sprachausgaben. Was zu einem mehrere Jahre anhaltenden regelrechten Boom der Serie „Asterix Mundart" führte. Die auch bis heute, wenn auch in niedrigerer Frequenz fortgesetzt wird.

Zwar gibt es mittlerweile nicht mehr sehr viele Neuerscheinungen, aber die Zwischenbilanz lässt sich sehen. Insgesamt mehr als 80 (!) Bände in folgenden Sprachen. Teilweise sind die Dialekte natürlich grenzüberschreitend, aber hier erst mal die für Deutschland (jeweils original Cover-Bezeichnung): Alemannisch, Badisch, Berlinerisch, Boarisch, Düsseldorferisch, Fränggisch, Hamburgisch, Hessisch, Hunsrücker Platt,

Kölsch, Määnzerisch, Meefränggisch, Moselfränkisch, Münchnerisch, Ostfreesk, Pälzisch, Platt, Ruhrdeutsch, Saarländisch, Säggsch, Schwäbisch, Thüringisch und Westfälisch.

Dann gibt's weiters die rund um den Bodensee verständliche alemannische Ausgabe, Ausgaben in Südtirolerisch, Schwyzerdütsch, Elsässisch und mittlerweile neun in Lëtzeburgesch.

Ja und in Österreich gibt es Bände in Tirolarisch, in Kärnterisch, in Schteirisch und, natürlich, auch welche in Wienerisch. Drei nämlich.

Und für diese ließ sich der damals noch eigenständige Ableger des Ehapa-Verlages namens Egmont etwas Besonderes einfallen, das danach auch für viele andere Ausgaben nachgeahmt wurde: Man nahm nicht irgendeinen lokalen Übersetzer, sondern verpflichtete einen Prominenten, um der Sache noch einen zusätzlichen Reiz und publizistischen Mehrwert zu geben. Die ersten zwei Wiener Ausgaben übersetze ein honoriger Herr namens Dr. Kurt Ostbahn. Da es den aber gar nicht gibt, tatsächlich nicht die sängerische Hälfte des Ostbahn-Kurti, Willi Resetarits, sondern seine schriftstellerische Hälfte, den leider sehr jung verstorbenen Autor und Übersetzer Günter Brödl.

Für die dritte Wiener Ausgabe, das Dialektbuch Nummer 32, gelang dem Verlag dann ein besonderer Coup: man konnte niemand Geringeren als den Wiener Mundartdichter schlechthin engagieren: H. C. Artmann!

Dieser hatte dereinst nicht nur eigenhändisch den Dialekt als lyrische Gedichtform etabliert und legitimiert, sondern auch immer wieder hochdeutsche Texte in heimische Dialekte übersetzt und übertragen, wie etwa seine sehr erfolgreiche und viel gespielte Version von Kleists „Der zerbrochene Krug".

Die Titel der Wiener Ausgaben lauten „Da grosse Grobn" (#1, Ostbahn), „Da Woasaga" (#2, Ostbahn), „Da Legionäa Asterix" (#3, Artmann). Alle Bände enthalten natürlich ein Glossar (z. B. büücha = Gauner, pivo = Bier) und im Artmann-Band sind auch das Impressum und alle Beitexte auf Wienerisch (z. B. „Egmon Falog", „des is a druk auf gloafrein bapia").

Wie überhaupt der Artmann-Band weit mehr als eine Fingerübung ist und in der selben Akribie ausgeführt wurde wie seine anderen Arbeiten. Und in seiner eigenen Transkription des Wiener Dialektes samt konsequenter Kleinschreibung. Als Beispiel hier das Intro der Bände in der Ostbahn- und der Artmann-Version.

Ostbahn: *„Es is scho a Zeitl aus, 50 v. Chr. woas, do woa gan Gallien fest in römischa Hand... Ganz Gallien? Ned wirklich! Weu a Handvoi zaache Hund in an klan gallischen Kaff stöt dena Besotza an Bam nochn andern auf."*

Artmann: *„mia san im joa fuchzig foa gristi gebuat – gaunz gallien unta römischa besozzung ... gaunz gallien? – owa naa! a fon schduaschedlade befökates derfö head um die buag ned auf, den oatsfremdn widaschdaund*

dem h. c. artmann sei asterix-heftl

z'leistn. fia di legionääre, di wos rundumadum oes besozzung in di kaseana fon Aquarium, Babaorum, Laudanum und Klabonum lauan miassn, is des a in echt kaa leachalschas."

Auch die Soundworte hat Artmann übertragen, so findet man neben „Zack!" oder „Patsch!" auch schöne Wortschöpfungen wie „Graks!"

Die Leidenschaft und Intention seiner Arbeit spiegelt sich auch im Vorwort, mehr eigentlich eine Widmung,, das Artmann seinem Werk, eines seiner letzten überhaupt, vorangestellt hat: *„geneigte lesa, jetz is aun da zeid, das s eich auschdrenkts und kabiats wia ma r a normale umgaunsschbroch oatografisch richtich schreibt.ein gutes gelingen wünscht inen, H. C. Artmann."*

Der Band erregte zum Zeitpunkt seines Erscheinens großes Aufsehen und steht als durchaus gleichwertig neben Artmanns zahrleichen anderen Übersetzungen literarischer Werke.

Auch der Tirolerische und der Steirische Band wurden von Schriftstellern, nämlich Felix Mitterer und Reinhard P. Gruber, übersetzt. Für die Kärntnerische Ausgabe konnte offenbar kein einheimischer Dichter gewonnen werden, weshalb sie von Skilegende Armin Assinger angefertigt wurde.

Mit diesem literarischen Quartett (Brödl, Artmann, Mitterer, Gruber) haben die österreichischen Asterix-Bände einen besonderen Stellenwert, die deutschen Ausgaben wurden, wenn prominent besetzt, eher von Kabarettisten wie Dieter Hallervorden, Kalle Pohl oder Urban Priol geleistet.

Alle österreichischen Bände sind derzeit übrigens vergriffen oder nicht lieferbar.

Die Farbe Blau

Euphemismen, also beschönigende Bezeichnungen, sowie klischeehafte Synonyme wie „ewige Stadt" für Rom oder „Stadt der Liebe" für Paris feiern natürlich auch in Österreich fröhliche Urstände. Wie etwa „Alpenrepublik", ein Begriff über den man durchaus streiten könnte. Die Schweiz besteht nämlich zu einem größeren Teil als Österreich nur aus Alpen und ist immerhin ein republikanischer Bundesstaat. Aber wie auch immer.

Wien jedenfalls gilt in diesem Zusammenhang entweder als „Walzerstadt" oder als „Donaumetropole". Beide Bezeichnungen sind im Prinzip historische Überbleibsel, die heute eigentlich nicht mehr gültig sind. Ja, ok, natürlich tanzt man noch immer Walzer und Wien ist mit rund zwei Millionen hier lebenden Menschen natürlich schon eine Metropole. Allerdings galt letzteres um 1900, als Wien auch schon einmal rund zwei Millionen Einwohner hatte, noch weitaus mehr. Wien ist nämlich eine der wenigen, wenn nicht die einzige Großstadt der Welt, die im Jahr 1900 mehr Einwohner hatte als im Jahr 2000. Damals waren zwei Millionen schon was, aber heute? London oder auch Kairo haben sieben Millionen Einwohner, sogar Madrid und Athen haben jeweils rund drei Millionen – von Städten wie Istanbul (14 Mio.), Peking (16 Mio.) und Shanghai (18 Mio.) ganz zu schweigen, denn das sind schon gar keine Metropolen mehr, das sind Megastädte des ersten Ranges. Mit der tatsächlichen Einwohnerzahl von aktuell 1.712.903 liegt Wien in der Weltrangliste aller Millionenstädte auf Platz 139.

Gut, Metropole wäre also auch noch heute in Ordnung, aber *die* Donaumetropole?

Entlang der Donau finden sich heute nämlich durchaus noch weitere Metropolen: Budapest etwa liegt mit Platz 136 in der Einwohnerweltrangliste sogar vor Wien, auch Belgrad könnte mit über einer Million Einwohner ohne weiteres den Begriff Donaumetropole für sich reklamieren. Und Städte wie Bratislava, immerhin Hauptstadt der Slowakei, Linz, Regensburg oder Novi Sad können zumindest als regionale Metropolen gelten.

Und von wegen Einbindung des Flusses: Budapest liegt nämlich viel unmittelbarer an der Donau als Wien. Denn während dort viele alte urbane Brücken, Uferpromenaden und besiedelte Inseln die Stadtteile Pest und Buda eng miteinander verbinden und auch wichtige Gebäude wie das ungarische Parlament direkt an der Donau liegen, trennt der Fluss die Stadt Wien heute wie ehedem in zwei Teile. In das urbane „Cisdanubien" und das über weite Teile eher ländlich anmutende „Transdanubien". Wien, im Sinne der alten Innenstadt, liegt am Donaukanal und nicht an der Donau. Und selbst wenn man diesen als ehemaligen Seitenarm schon auch als echten Teil der Donau bezeichnen könnte, ist der Donaukanal dennoch kein harmonischer Teil der City (siehe auch das Kapitel „Wien am Sand", Seite 104). Wichtige, im Sinne von staatstragende, Gebäude findet man auch hier nicht. Sogar in Bratislava liegt die alte Burg auf einem Hügel an der Donau und unter anderem das Slowakische Nationalmuseum und die Slowakische Nationalgalerie im Palais Esterházy sind direkt am Fluss beheimatet.

Noch fraglicher ist die Zuordnung der Donau als – hauptsächlich – österreichischer Fluss, siehe unter anderem die Bundeshymne: „Land am Strome". Ja, zur Zeiten der Donaumonarchie lag ein Großteil des Reiches wirklich an der Donau. Aber heute? Gerade 358 km der Gesamtlänge von 2888 km oder 12 Prozent durchfließen Österreich. Rumänien führt hier mit 1075 km weit vor Deutschland mit 687 km und Serbien mit 587 km. Und auch noch Bulgarien (472 km) und Ungarn (417 km) liegen vor Österreich, das hier Platz 6 von 10 belegt. Nur die Slowakei, Kroatien, die Ukraine und Moldawien (0,57 km) liegen hier hinter uns. Die Donau fließt auch nur in drei der neun Bundesländer der Alpenrepublik.

Glücklicherweise, vor allem für die heimische Tourismusindustrie, haben aber alte Ideen und Bezeichnungen ein hohes Maß an Beständigkeit. Und so bleibt die Donau ein wichtiger Werbeträger für Wien, Linz, die Wachau, für die DDSG (Donaudampfschifffahrtsgesellschaft), für den Donauradweg und die Donaukreuzfahrten.

An der schönen blauen Donau (hier grau)

Und weil wir gerade mit dem Aufräumen von Mythen beschäftig sind: Der österreichische Teil der Donau hat viele Farben. Blau gehört nicht dazu.

Meistens ist sie hier grau-grün, manchmal braun ... Das liegt daran, dass der Zusammenfluss der deutschen

Donau, die schon mehrheitlich als blau gilt aber manchmal auch als gelb beschrieben wird, mit dem grünen Inn und der schwarzen (weil aus einem Moorgebiet kommenden) Ilz bei Passau zu einer Mischfarbe führt.

Eine im Jahr 1938 durchgeführte Beobachtung ergab, dass die Donau an 75 Tagen des Jahres lehmgelb, an 74 Tagen dunkelgrün, an 47 Tagen hellgrün und an 16 Tagen braun war – blau aber nie.

Das deckt sich mit den Ergebnissen des Hydrographen Anton Bruszkay, der schon um 1900 zu ähnlichen und noch spezielleren Ergebnissen kam: „an elf Tagen braun, an 46 Tagen lehmgelb, an 59 Tagen schmutziggrün, an 45 hellgrün, an fünf Tagen grasgrün, an 69 Tagen stahlgrün, an 46 Tagen smaragdgrün und an 64 Tagen dunkelgrün".

Diese bittere Wahrheit wurde übrigens auch von Spike Jones 1945 besungen. Der Musiker, der mit seiner Truppe bevorzugt Klassiker der Musikgeschichte mithilfe von Tröten, Kuhglocken, Autohupen und Pistolenschüssen zur Aufführung brachte und seinen Durchbruch 1942 mit dem Anti-Nazi-Lied „The Fuehrer's Face" hatte, bearbeitete den Ursprung dieses weltweiten Mythos, den Strauss-Walzer „An der schönen blauen Donau", mit einem neuen Text. In dem es mehr als einmal heißt „The Danube is not blue – it's green!"

Noch ein Wort zur „Donaumonarchie", die als Staat beständig wechselnde Namen hatte – und die meisten davon nicht offiziell. Wenn man mal die lange Zeit der

Habsburgermonarchie, vom Herzogtum Österreich über das Erzherzogtum Österreich bis hin zur Zeit des Heiligen Römischen Reiches außer Acht lässt, hat man es immerhin noch ab 1804 mit dem „Kaiserthum Oesterreich" zu tun, und ab 1867 mit je nach Geschmack Österreich-Ungarn, der k.u.k.-Doppelmonarchie, eben der Donaumonarchie, dem Habsburgerreich etc. Der Kaiser legte zwar 1868 den Namen „Österreichisch-Ungarische Monarchie" fest, aber dieser wurde nicht allgemein verwendet. Genau genommen lautete der offizielle Name der Monarchie, damals eines der größten Staatsgebilde Europas, 1914 in der Größe von 676.615 km^2 mit 52,8 Millionen Einwohnern, aber folgendermaßen: „Die im Reichsrat vertretenen Königreiche und Länder und die Länder der heiligen ungarischen Stephanskrone".

Und, da neben Deutsch auch Ungarisch offizielle Sprache war, musste man stets gleichwertig auch die Bezeichnung „A birodalmi tanácsban képviselt királyságok és országok és a magyar szent korona országai" hinzufügen.

Noch ein letztes P. S. zur Donau: Seit einiger Zeit kann man dank einer veränderten Gesetzeslage im Bestattungswesen auf einem Donauabschnitt bei Wien auch „Seebestattungen" durchführen. Dafür finden die zwei einzigen mittlerweile außer Dienst gestellten Patrouillenboote der österreichischen „Nachkriegsmarine" heute ihre Verwendung.

Ein echter Wiener

Dass eine wichtige Nebenfigur im weitverzweigten Universum der Disney-Charaktere fiktive Wiener Wurzeln hat, war mir schon länger bekannt. Denn schließlich erwähnt das Universalgenie Professor Primus von Quack, einer der Onkel von Donald Duck, in einem Comic einmal, dass er ja „ein echter Wiener" sei. Obwohl dieses Faktum in zahlreichen Büchern über die Ducks vorkommt, hatte ich immer den Verdacht, dass es sich dabei um einen Gag der Übersetzerin handelte. Recherchen zu diesem furiosen Buch haben aber ergeben, dass Primus *tatsächlich* als Wiener Professor konzipiert wurde und auch seine Originalstimme in amerikanischen Trickfilmen einen unüberhörbaren österreichischen – nein, nicht deutschen! – Akzent hat. Wer sich selbst überzeugen möchte sucht im Internet nach Videos mit „Ludwig von Drake", wie der Professor auf Englisch heißt, am besten gleich zusammen mit dem „Spectrum Song" – sein Auftrittslied zum Thema Farbenlehre und der größte Hit des Professors.

Erfunden wurde die Figur 1961 für eine Fernsehsendung namens „Walt Disney's Wonderful World of Color", in der Ludwig seinen ersten Auftritt gleich Seite an Seite mit Walt Disney selbst absolvieren durfte. Später in den Donald-Strips und noch später auch in den Donald-Comics verwendet, ist er mittlerweile ein fixes Mitglied des Clans und tritt heute vor allem in vielen der neueren Disney-Fernseh-Cartoons auf. In den deutschen Synchronversionen von diesen klingt Primus allerdings weniger nach einem Österreicher als vielmehr nach – Marcel Reich-Ranicki. Natürlich gesprochen von einem den großen Literaturpapst imitierenden Schauspieler.

Rückblickend ist es aber wenig verwunderlich, dass dem bebrillten zerstreuten Erpel mit Mantel, Hemd und Krawatte dieser Wiener Background gegeben wurde, zählt Primus/Ludwig doch unter seinen 166 Doktorhüten auch jene des Psychologen und Psychiaters. Berufe, die weltweit sehr stark mir Wien assoziiert werden.

Doch zurück zu den Ergebnissen meiner Forschung, besser gesagt meinem Dilettieren in der von mir nicht beherrschten Wissenschaft des Donaldismus. Ich hoffe, würdigere Vertretere dieser Zunft mögen mir verzeihen, dominiert doch gerade die D.O.N.A.L.D. („Deutsche Organisation nichtkommerzieller Anhänger des lauteren Donaldismus") schon seit Jahrzehnten als besonders strenge, ja, bisweilen sogar humorlose Vertretung die wissenschaftlichen Betrachtung von Entenhausen und seiner Bewohner.

Auch der Text zum gemutmaßten Verwandtschaftsverhältnis zwischen Donald und Primus in der englischsprachigen Wikipedia dürfte von einem Donaldisten verfasst worden sein. (Nett in dem englischen Artikel auch etwa folgende Stelle: „In comics translated into German he sometimes speaks with an Austrian accent, like ‚ein bisserl' instead of ‚ein bisschen'"). Ich gebe den genealogischen Text hier nun teilweise und in eigener Übersetzung wider, möchte aber zuvor ein Wort der Warnung aussprechen: Sollten Sie bemerken, dass zunehmend mehr ihrer Gehirnzellen beginnen bei der Lektüre des folgenden Absatzes spontanen Suizid zu begehen (man achte auf ein leises Plop-Geräusch), sollte man die Lektüre sofort unterbrechen und sich dem nächsten Kapitel des Buches zuwenden!

„Ludwig von Drake [Primus von Quack] kommt aus Wien in Österreich. Manche Autoren haben angenommen, dass seine Familie zu einem deutschen Zweig der Duck-Familie gehört, aber das wurde in keine wesentliche Geschichte je integriert. In den Comic-Strips des berühmten Disney-Zeichners Al Taliaferro nennen Donald und seine Neffen ihn gewöhnlich ‚Onkel Ludwig [Primus]', daher ist nicht abzustreiten, dass sie verwandt sind. Nach einer Theorie von Don Rosa [ein anderer wichtiger Disney-Comic-Zeichner] heiratete der Professor Matilda McDuck, eine von Onkel Dagoberts [der im Original Scrooge McDuck heißt] Schwestern – seine andere Schwester ist Donalds Mutter Hortense McDuck [dt. Dortel Duck]. Obwohl dies auf keinen Fall allgemein akzeptiert ist, dürfte das die einzige Möglichkeit sein, dass Ludwig Donalds Onkel ist, denn es scheint unmöglich, dass Ludwig Donalds Onkel väterlicherseits ist. Sein Vater ist Quackmore Duck [dt. Degenhard

Duck], Sohn von Humperdink Duck [dt. Hilmar Duck] und Oma Duck (deren Mädchenname laut Don Rosa Elvira Coot lautet [dt. Dorette Anette Liesette Erpel]). Dennoch kann eine Theorie, nach der Humperdink Duck und Ludwig von Drake Halbbrüder mütterlicherseits sind, nicht verworfen werden, denn in den Duck-Comics wurde bis heute nichts Wesentliches über das Leben von Humperdink vor seiner Ehe mit Oma Duck enthüllt. Ludwig wäre natürlich ein Großonkel von Donald. [...] Es wäre auch möglich, dass er Donalds Onkel ist, weil zwischen ihnen eine fiktive Verwandtschaft besteht, etwas, das auch erklären würde, wieso Gladstone Gander [dt. Gustav Gans] und Fethry Duck [dt. Dussel Duck] Dagobert als ihren Onkel ansehen, obwohl sie laut Don Rosas Duck/McDuck/Coot Stammbaum kein Teil der Familie* sind, obwohl man natürlich annehmen kann, dass Dagobert nach der Heirat von Hortense McDuck und Quackmore Duck ein enger Freund der Duck Famile wurde."

(* Nach meinen Recherchen sind sie im Stammbaum von Don Rosa allerdings durchaus vertreten, und zwar als Enkel von Oma Duck über ihre anderen Kinder Daphne Duck, verehelichte Gans, und Teddy Duck.)

Natürlich weiß ich, dass ich mich hier auf donaldistisch gefährlichem Terrain bewege und harre diverser Stellungnahmen wahrer Berufener. Die ich dann auch gerne etwa auf meiner Website zu publizieren bereit bin.

Tatsache ist und bleibt aber jedenfalls, dass Primus von Quack aus Wien stammt, und wir Wiener daher folgerichtig patriotisch völlig zu Recht stolz auf unseren berühmten Sohn im Duckiversum und der wunderbaren Welt Walt Disneys stolz sein können.

Primus von Quack wie er leibt und lebt

Flache Denkmäler

Wien ist nicht gerade arm an Denkmälern aller Art. Von der Antike bis zur Gegenwart finden sich hier – meist geschützte – Memorabilia, also Denkwürdigkeiten, aus den Bereichen Geschichte, Kunst und sogar Natur (siehe das Kapitel „Natürlich Wien", S. 85).

Die meisten dieser Denkmäler ragen vertikal vor der Nase des Betrachtenden oder des sie ignorierenden Vorbeigehenden auf. Die meisten, aber nicht alle. Manche sind nämlich flach, horizontal, begehbar und werden auch täglich zigtausendfach betreten – und dabei vermutlich noch weniger beachtet als die meisten ihrer vertikalen Verwandten.

Einer der auffälligsten dieser Boden-Schätze ist der auf den ersten Blick recht seltsam anmutende kirchenartige Grundriss neben dem Stephansdom. Was auch durchaus als moderne Kunstinstallation im öffentlichen Raum durchgehen könnte, ist tatsächlich der Umriss einer schon 1781 abgebrannten Friedhofskapelle namens Magdalenenkapelle, die hier zur Einsegnung benutzt wurde. Waren doch große Teile des heutigen Stephansplatzes früher ein Friedhof.

Die „Zeichnung" verweist allerdings nicht nur auf eine Kapelle, die nicht mehr da ist, sondern auch auf eine, die durchaus noch da ist. Nämlich zwölf Meter unter dem Straßenniveau. Dort liegt die Virigilkapelle, eine Krypta aus dem 13. Jahrhundert. Sie war früher mit der Magdalenenkapelle verbunden, wurde vor etwa 250 Jahren zugeschüttet und erst im Zuge des U-Bahnbaus wieder entdeckt. Sensationellerweise blieb sie aber komplett erhalten und kann jetzt auf dem obersten Niveau der U-Bahnstation Stephansplatz durch eine Glasscheibe (zwischen Info und Telefonzellen, gegenüber von Anker und Ströck) jederzeit bestaunt und zu festgelegten Zeiten sogar besichtigt werden.

Der Stephansplatz ist auch der Anfang – oder wenn man will das Ende eines anderen begehbaren Denkmals. In Anlehnung an den berühmten „Walk of Fame" in Hollywood, wurde nämlich 2001 ein Wiener „Walk of Fame" der klassischen Musik, genannt „Musik Meile Wien", errichtet. Oder besser: begonnen, denn das Projekt versteht sich als work in progress. Auf der Strecke Stephansdom–Theater an der Wien (via Musikverein, Wiener Staatsoper und Haus der Musik) wurden zunächst 70 „Musik-Sterne" in den Gehsteig eigelassen. Diese sind jeweils einem der „herausragendsten Komponisten, Dirigenten, Musiker und Sänger, aber auch andere für die Klassische Musik bedeutende Persönlichkeiten, die mit Wien in Verbindung stehen" gewidmet. Und, obwohl auf der Website nicht gegendert wird, natürlich auch Frauen. Allerdings hat es bisher nur eine, Carla Schubert, tatsächlich auf die Straße geschafft hat.

Die Sterne messen jeweils ein mal einen Meter, bestehen aus „Nero Zimbabwe"-Granit, „Usak"-Marmor sowie einer Bronze-Umrahmung und enthalten in „Diamant-Ritztechnik" Porträt, Name, Lebensdaten und Signatur der gewürdigten Künstlerpersönlichkeit. Jedes Jahr kommen drei bis fünf neue Sterne hinzu. Neben klassischen Klassikern wie Mozart und Beethoven und Vertretern der leichteren Muse wie Lanner, Lehár oder diversen Sträußen finden sich auch sehr viele moderne Komponisten wie Ernst Krenek, Hugo Wolf, Erich Wolfgang Korngold oder Gottfried von Einem unter den Geehrten. Oder auch die Wiener Philharmoniker als Ganze. Übrigens: Totsein ist keine Bedingung, auch Placido Domingo hat schon einen Stern.

Die Musik-Meile ist kein (gerader) Weg, es gibt sowohl eine Schleife (zum Musikverein), als auch einen Seitenarm (zum Haus der Musik). Den genauen Weg und alle Sterne kann man sich auch bei einem interaktiven Spaziergang auf der Website www.musikmeile.at ansehen.

Eine Art Gegengewicht zur (Wiener) Klassik bietet seit 2003 der sogenannte „Walk of Stars", der quer durch die vier ehemaligen Wiener Gasometer, jetzt Wohnraum, Shopping-Center und Veranstaltungslocation, führt. Zeitgenössische Popgrößen werden hier – ähnlich dem US-Original – in Form von Hand- und Fußabdrücken sowie eigenhändiger Unterschrift in einer (zum Zeitpunkt des Abdrucks) feuchten Betonplatte gewürdigt. Die heimische Pop-Prominenz ist markant stark vertreten, aber auch viele internationale

Künstler, darunter besonders viele Sänger und Gruppen der 70er- und 80er-Jahre wie Aha, Toto, Baccara und Boney M. finden sich darunter. Stilistisch reicht das Angebot von Joe Zawinul (Jazz) über Bushido (Rap) bis zu Hansi Hinterseer (Schlager). Den Akt der jeweiligen Verewigung der Stars kann man sich mittels Fotogalerie auch auf der Website des „Walk of Stars" ansehen.

Ebenfalls „indoor", nämlich im Generali-Einkaufscenter auf der Mariahilfer Straße findet sich ein weiterer Wiener „Walk of Fame", diesmal heimischen und internationalen Sportgrößen gewidmet. 160 Sportler wurden auf der sogenannten „Straße der Sieger" bereits in den Kategorien Alpiner Schisport, Fußball,

Von Gewinnern und Siegern ...

Leichtathletik, Motorsport, Nordischer Skisport sowie „Sonstige Sommersportarten" und „Sonstige Wintersportarten" gewürdigt. Wobei noch lebende Sportlegenden, egal ob ihre größten Triumphe erst wenige Monate oder schon viele Jahrzehnte (z. B.: die Olympiasiegerin im Speerwerfen 1948 Herma Baumer) zurückliegen, wiederum Abdrücke ihrer Hände und Füße in Betonplatten hinterlassen. Während schon verstorbene Sportler wie Ernst Happel oder Jochen Rindt mit ihrer in Metallplatten gravierten Biografie samt gegossener Unterschrift geehrt werden. Originellerweise findet sich unter diesen „Siegern" auch Hansi Hinterseer, womit er wohl der einzige Star sein dürfte, dessen Name in Wien gleich auf zwei Bodenplatten prangt.

Nicht nur am Stephansplatz, sondern auch an einer anderen Stelle der City finden sich architektonischhistorische Bodenmosaike. Nämlich am Ende der Wollzeile, am Übergang zum Lueger-Platz. Diese Stelle ist für Interessierte an der wechselvollen und langen Geschichte Wiens besonders aufschlussreich, da hier gleich mehrere Elemente zusammen kommen und präsentiert werden. Da ist zum einen ein Teil der Original-Renaissance-Stadtmauer von Wien, die hier, dank eines Zugangs zur darunterliegenden U-Bahnstation bis zu ihrem Fundament sichtbar gemacht wird. Der steinerne Teil über der Erde wurde allerdings später rekonstruiert. In Wien wurde mit dem Abriss der

Basteien genannten Mauern übrigens erst sehr spät begonnen. Die sogenannte „Entfestigung" nahm 1858 ihren Anfang, andere große Städte hatten sich schon viel früher von ihrem mittelalterlichen und in der Neuzeit zunehmend nur noch hinderlichen steinernen Ballast befreit: Berlin im Jahre 1734, Hannover 1763, Graz 1784 und sogar Klagenfurt und Villach bereits Ende des 18. Jahrhunderts.

Neben dem vertikal zu besichtigenden Rest der Stubenbastei und einer Skulptur mit einem dreidimensionalen Modell der ehemaligen Innenstadt, verweisen aber eben auch zahlreiche und sich teilweise überschneidende Linien aus im Boden eingelassenen, verschiedenfarbigen Pflastersteinen auf noch mehr Historie. Die Linien zeigen zum einen die Umrisse der sich an dieser Stelle befunden habenden Stadttore (also nur eins, aber mit mehreren Eingängen), des „Schwarzer Turm" geheißenen Wachturms, sowie die noch weitaus ältere Streckenführung der ebenfalls hier einmündenden alten Römerstraße. Das Tor hieß übrigens wenig überraschend Stubentor (woran auch der Name der dort gelegenen U-Bahnstation erinnert) und verweist damit auf die hier früher einmal gelegenen mittelalterlichen Badestuben. Das Stubentor galt auch als Begräbnistor, da viele Trauerzüge Särge, die zum St. Marxer Friedhof transportiert wurden, bis hierher begleiteten. Auch Wolfgang Amadeus Mozart verließ durch dieses Tor Wien zum letzten Mal.

Wer sich dieses flache Denkmal genauer ansehen möchte, sei jedoch gewarnt: die Linien verlaufen vom Luegerplatz bis zur ebenfalls Stubenbastei genannten Straße und queren dabei das Ende der stark befahrenen Wollzeile. Ein Blick vom Boden auf den herannahenden Verkehr von City-Bus über Taxi-Fahrer bis sich vorbeischlängelnden Radlern sei also dringend empfohlen.

Außerdem sind die flachen historischen Zeugnisse nicht direkt an Ort und Stelle beschrieben, wer sich genauer über sie informieren will, sollte sich dazu einen Stock tiefer auf das oberste Niveau der U-Bahnstation begeben, wo eine umfangreiche Schau an Tafeln die Geschichte des Tores seiner Ausgrabung und Renovierung als Ausstellungsort dokumentiert. Die rechteckigen Umrisse des schwarzen Turms etwa sind besonders schwer zu erkennen, da die Steine nicht (mehr?) besonders schwarz sind. Wenn ihn wer sucht: er liegt direkt vor dem Eingang des dort befindlichen dm-Drogeriemarkts – einst Standort einer der beiden glücklosen ersten Burger King-Restaurants in Wien, aber das ist eine andere Geschichte.

Insgesamt ist dieser Ort aber eine wenig beachtete, aber in mehrfacher Hinsicht besonders interessante Sehenswürdigkeit Wiens. Und somit ein heißer, um nicht zu sagen, furioser Tipp.

Bei den Ausgrabungen wurden an der Stelle, neben Resten der Römerstraße und einem römischen Grab übrigens auch Zehntausende Objekte aus allen Epochen gefunden – da der ehemalige Stadtgraben von den Wienern auch jahrhundertelang als Müllhalde genutzt wurde.

Ein dritter derartiger Lageplan eines ehemaligen Bauwerkes befindet sich vor der Minoritenkirche.

Hier wurden während der Bauarbeiten an der U3 die Reste einer Krypta der früher darüber befindlichen sogenannten Ludwigskapelle gefunden, einem ehemaligen Zubau der Minoritenkirche. Der Umriss der Kapelle wird heute durch eine flache Mauer dargestellt. Durch die Begrünung der Innenfläche wirkt das Ganze aber eher wie ein innovatives Blumenbeet und lädt Vorbeigehende eher zum Besitzen der Mauer als zum Bestaunen der Kapellenreste ein.

Nicht nur in Wien, aber eben auch hier, finden sich weitere, vom Anlass her aber viel ernstere, Erinnerungen an Menschen eingelassen auf dem Gehsteig. Das Projekt „Steine der Erinnerung" gedenkt seit 2005 mit kleinen zehn mal zehn Zentimeter großen Messing-Quadraten vielen durch das Nazi-Regime Vertriebenen und ermordeten Wienern. In den meisten Fällen mit Namen, Geburts- und Todesdaten, letztere meist mit Ort und Umständen wie Deportation und Ermordung in Konzentrationslagern. Die Lebensdaten erinnern an umgekommene Menschen jeden Alters, von über 90Jährigen bis zu wenige Jahre oder sogar Monate alten Kindern.

Durch die Anbringung der „Steine" vor ihren ehemaligen Wohnhäusern werden dieser Opfer des Nationalsozialismus sozusagen wieder zurückgeholt: sie erhalten einen Platz in ihrem Heimatbezirk. Außerdem wird durch die Tafeln einzeln wie in ihrer Gesamtheit ein Teil der Geschichte Wiens sichtbar, ja spürbar, der nach wie vor gerne verschwiegen und unter den Teppich gekehrt wird. Die einzelnen Tafeln werden dabei „Stationen der Erinnerung" genannt (verwirklicht bislang im 1., 2., 7., 9., 10. und 20. Bezirk) und in manchen Gegenden auch mithilfe von Richtungspfeilen zu Wegen der Erinnerung verbunden. Der durch die Leopoldstadt hat 105 Stationen, umfasst aber bei Weitem nicht alle Erinnerungssteine im zweiten Bezirk.

Nicht direkt mit den „Steinen der Erinnerung" verbunden sind die analogen Gedenkobjekte des Projekts „Erinnern für die Zukunft" im 6. Bezirk. Geplant sind hier 750 Objekte.

An beiden Initiativen kann man sich über eine Patenschaft für einen Stein beteiligen.

Und beide gehen auf die sogenannten „Stolpersteine" zurück, die der deutsche Künstler Günter Demnig seit 1992 verlegt. Bislang über 22.000 Steine in über 530 Städten und Gemeinden in zehn Ländern (Deutschland, Niederlande, Belgien, Italien, Norwegen, Österreich, Polen, Tschechien, Ukraine, Ungarn). Weitere für Dänemark und Frankreich sind geplant.

Hofburg gesucht

Das Schloss Schönbrunn ist, wie auch Versailles oder der Buckingham Palace, architektonisch deutlich als ein einheitliches Bauwerk und Herrschaftsresidenz zu erkennen. Auch der Tower of London und das Palais de Rois, besser bekannt als Palais de la Cité auf der Île de la Cité, sind als Burgen und Königssitze einigermaßen deutlich erfassbar. Nicht aber so die Hofburg in Wien. Selbst als in der Innenstadt aufgewachsener Wiener (ich spreche aus Erfahrung) wird einem nie so richtig bewusst, wo die ehemalige Kaiserresidenz anfängt, aufhört, und was da nun alles eigentlich dazugehört, und was nicht.

Heutzutage vermitteln für Touristen gefertigte bunte Poster, die den Gebäudekomplex aus der Vogelperspektive zeigen, ja ein einigermaßen verständliches Bild. Aber ohne diesen Luxus musste man sich beim Um- oder Durchwandern die einzelnen Teile der Hofburg erst mühsam auf Plänen zusammensuchen. Ein Erfassen des Ganzen als verwachsenes Ensemble aus diversen Stilen und Epochen ist sogar noch viel schwieriger, wenn nicht unmöglich. Betrachtet man die Hofburg aus der genannten Vogelperspektive, ergibt sich das Bild eines seltsam exotischen mechanischen Bauteils, wie er etwa in Uhren zu finden ist. Oder das einer Heißklebepistole. Oder einer Schlagbohrmaschine. Auf jeden Fall kein definierbares Gebilde, sondern eher etwas, das sich hervorragend in einem Rohrschachtest machen würde.

Da gibt es so wichtige Teile wie den heutigen Sitz des Bundespräsidenten, zu Zeiten von Maria Theresia und Josef II. Wohn- und Arbeitszimmer der Monarchen, die einfach zur Straße hinausgerichtet sind, dann wieder andere wie die heute komplett umgebaute ursprüngliche mittelalterliche Burg, die man heute jedoch nur mit viel Fantasie noch als solche erkennen kann. Und dann der Rest der Trakte, Bauten und Erweiterungen, heute teilweise von Lipizzanern bewohnt und benutzt, die ein derart heterogenes Konglomerat bilden – wie die Habsburger Monarchie früher eines war. Also eigentlich irgendwie passend.

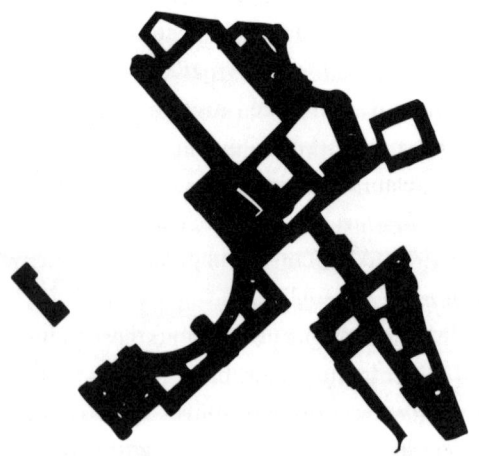

Labyrinth Hofburg

Okay, zugegeben, das innere Burgtor am Michaelerplatz mit seiner Kuppel ist schon prächtig und das Äußere Burgtor, also der Eingang zum Ring, ist auch recht schön anzusehen – aber wenn man von der Innenstadt kommend im Citybus der Linie 2A Richtung Mariahilfer Straße beide durchfährt, bemerkt man eigentlich kaum, dass man dabei den zentralen Palast der österreichischen Kaiser für den Preis eines Fahrscheins, so en passant, durchquert.

Was auch nicht viele wissen und was nach der Zeit des Ständestaats und der Naziherrschaft wohl auch nicht mehr so cool rüberkam: Das äußere Burgtor wurde in den Jahren 1933 und 1934 zum „Heldentor" umgebaut. Thema: die Gefallenen des Ersten Weltkriegs. Dazu wurde eine nach oben offene, also dachlose Halle errichtet (weil die Kriegsopfer ja auch unter freiem Himmel gefallen waren) sowie eine Krypta. Darin ruht ein aus rotem Marmor gehauener gefallener Soldat, ein Altar und zehn Ehrenbücher mit Namen von im Ersten Weltkrieg umgekommenen Soldaten, dessen Seiten noch immer täglich umgeblättert werden. In der Krypta wird auch jeden Sonntag eine Messe abgehalten.

Wie auch immer. Mehr über die Baugeschichte und einzelne Teile entnehme man bitte einschlägigen Reiseführern und anderen Wien-Büchern. Hier sei nur kurz angemerkt, dass der letzte geplante Ausbau, der dem Rumpfschloss so etwas wie ein Gesicht gegeben hätte – wie so viele andere Bauwerke der Stadt – unvollendet geblieben ist. Gerade der eine der geplanten zwei Flügeln, welche die Hofburg via Naturhistorisches und Kunsthistorisches Museum bis zu den ehemaligen Hofstallungen (heute MuseumsQuartier) architektonisch symmetrisch verbunden hätte, steht heute als Hauptsitz der Nationalbibliothek sowie als Heimat einiger Museen am Heldenplatz. Die Räumlichkeiten des ursprünglich „Hofburgflügels gegen den Kaisergarten" genannten Trakts wurden erst nach dem Ende der Monarchie fertiggestellt – und daher nie (kaiserlich) bewohnt. Integriert in diesen ist auch der ältere „Zeremoniensaaltrakt", der früher im rechten Winkel vom Hauptteil (genauer vom Leopoldinischen Trakt) herausragte und deswegen auch „die Nase der Hofburg" genannt wurde.

Ein Detail der frühesten Geschichte der Hofburg verblüfft mich jedoch immer wieder, wenn ich alte Bilder oder Modelle sehe: Der älteste Teil, jene quadratische mittelalterliche Burg, deren baulichen Reste heute den Schweizerhof bilden, lag früher *direkt* an der Stadtmauer. Also um genau zu sein, die äußere Mauer der Burg war mit der Mauer der Stadt Wien eins. Die strategischen Nachteile bei einem Angriff und bei Belagerungen liegen derart auf der Hand, dass ich mich frage, wie es dazu kommen konnte. Später haben die Anbauten und die Errichtung der Basteien die Burg und somit dieses Problem ein wenig weiter nach innen gerückt. Aber dennoch.

Innerhalb der Mauern der Hofburg herrschte natürlich stets ein strenges Hofzeremoniell, wobei das spanische Zeremoniell wohl das strengste von allen war. Ein besonders penibler Verfechter dieser rigiden Regeln war Kaiser Leopold I., auch bekannt als „hässlicher Musikus". Aber gerade zu seiner Amtszeit wurde die Burg im Fasching zum Landwirtshaus „Zum Schwarzen Adler" umdekoriert, mit Mägden, Knechten und dem Kaiser und der Kaiserin als Wirtsleuten.

Früher für das gemeine Volk tabu, ist heute jeder Trakt frei zugänglich und zu besichtigen. Etwa die Kaiserappartements, die unter anderem einen Milchzahn und die Kokainspritze von Kaiserin Elisabeth sowie die Feile, mit der sie später erstochen wurde, beherbergen –in jenem Teil, der heute publikumswirksam „Sisi-Museum" genannt wird.

Wohnlichen Luxus gab es in der Hofburg bis auf eine ordentlich funktionierende Beheizung übrigens kaum. Bis zum Tod von Franz Joseph gab es in der ganzen Burg, wie übrigens auch im Schloss Schönbrunn, weder Toiletten noch Badezimmer. Wenn Kaisers einschlägige Bedürfnisse hatten, wurde je nachdem eine transportable Badewanne aus Holz herbeigeschafft oder eben ein klassischer Leibstuhl benutzt.

Ein Teil der Hofburg, der heute nicht mehr existiert, hat nur seinen Namen hinterlassen. Die etwas entfernt liegenden Orte mit der Bezeichnung „Bellaria", also die Bellariastraße und die Bellaria genannte Station der Linien 46 und 49, sind nach einem Vorbau des Leopoldinischen Traktes (also des heute am Ballhausplatz endenden Teils benannt), der zum Luftschnappen an der „schönen Luft" (italienisch „bell aria") gedacht war. Außerdem endete hier im ersten Stock eine Rampe, die vor allem Maria Theresia erlaubte, ihre Gemächer zu betreten, ohne Stiegen steigen zu müssen. Was sie nicht so schätzten, beziehungsweise wegen erhöhter Leibesfülle in späteren Jahren wohl auch nicht mehr konnte. Aus den gleichen Gründen soll ja die Albertina-Rampe am anderen Ende der Hofburg, gegenüber der Oper, errichtet worden sein. Wenn die Kaiserin nach dem Tod ihres Gemahls diesen, übrigens in der Kapuzinergruft besuchen wollte, wurde sie, ebenfalls um die Treppen zu vermeiden, an einem an Seilen befestigten Sofa heruntergelassen und später, vermutlich von kräftigen jungen Kapuzinern, wieder heraufgezogen. – Wohl der erste Personenaufzug Wiens.

Die Bellaria-Station liegt gleich neben einem der beiden großen Museen, aber welchem bloß …? Das Kunsthistorische oder das Naturhistorische Museum? Wer da, wie die meisten Wiener, die die Gebäude hauptsächlich von außen kennen, Schwierigkeiten hat sich zu merken, welches der beiden Museen am Ring welches ist, dem könnte folgende, einem alten Wiener Witz entnommene Eselsbrücke helfen: das Kunsthistorische Museum, also das mit der Kunst, ist der Oper näher; das Naturhistorische, also das mit den Viechern, dem Parlament.

Sex and the City

Ja, auch in Wien hat man (und frau) Sex. Und wie wohl überall auf der Welt gibt es natürlich auch in Wien zahlreiche Merkwürdigkeiten rund um diese grundlegende menschliche Tätigkeit. Die meisten davon sind, wenn außerhalb der verschwiegenen ehelichen, verpartnerten oder one-night-standischen Türen stattfindend, wie könnte es anders sein, im Bereich des sogenannten horizontalen Gewerbes angesiedelt. Aber dann doch auch wieder nicht alle. Hier also ein mäandernder und lustvoller Streifzug durch ein „frivoles Wien". (Hm, sollte ich mir als möglichen Buchtitel notieren.)

Generell gilt Wien als freizügiges Pflaster was das Geschlechtliche betrifft. Es steht im internationalen Ruf zwar etwas hinter Paris, aber bei näherer Betrachtung hat Wien seinen Ruf als Stadt der „süßen Wiener Madeln" – am besten zu übersetzen mit „nicht gerade sehr prüde Damen" – durchaus verdient. Offiziell war Wien (und Österreich) zwar auch im sexuellen Bereich immer wieder stark reglementiert, etwa unter so manchem besonders katholischen Habsburger. Berühmtberüchtigt sind hier die sogenannten „Temeshvárer Wasserschübe", bei denen unter Maria Theresia zwei Mal jährlich Prostituierte („liederliche Weibspersonen") zusammen mit anderen „Asozialen" wie Landstreichern, Wilderern, Schmugglern und aufsässigen

Bauern zu Hunderten auf Schiffen die Donau hinunter in den Banat deportiert wurden, um dort das Land für die kaiserliche Krone zu „kolonisieren". Neben freiwilligen Ansiedlern gehören sie zu den Vorfahren der heutigen Donauschwaben.

Aber da bei uns selten etwas so heiß gegessen wird wie gekocht, blühte das unzüchtige Leben eigentlich immer – mal offener, mal mehr im Verborgenen. Dieser Zwiespalt besteht in gewisser Weise bis heute, auch in der Gesetzgebung. So ist Prostitution zwar erlaubt, Puffs und Bordelle sind aber verboten. Dass es sie dennoch gibt, egal, ob als „Laufhäuser" oder „FKK-Sauna" (eines meiner Lieblings-Blah-Wörter, wer – außer russischen Touristen – geht schon bekleidet in die Sauna?) bezeichnet, liegt daran, dass die Damen (und seltener die Herren) darin selbstständig erwerbstätige Unternehmer/-innen sind. Natürlich zahlen sie an den Besitzer Miete, aber wäre der ihr Arbeitgeber, wäre das als Kuppelei strafbar. Ebenso ist Prostitution in Wohnhäusern und Wohnungen im Prinzip *erlaubt* – aber nur, wenn sie über einen separaten Hauseingang verfügen. Daher findet man überall in Wien, vermehrt in Außenbezirken, aber nicht nur dort, sehr häufig rot lackierte Gassenlokale nur mit Nummern als Aufschrift. Manchmal mit leuchtenden Herzchen verziert und manchmal mit dem Versprechen auf „Ganzkörpermassage". Nun gut.

Was wir über Sex in Wien wissen, beginnt jedenfalls schon in der Antike. Denn schon im Römerlager an der

Donau gab es naturgemäß Prostitution – und die unterschied sich verblüffenderweise in manchen Dingen kaum von heute: Damals wie auch 2000 Jahre später arbeiteten die Damen offiziell und mussten eine „licentia stupri" genannte Kontrollkarte vorweisen können. So etwas gibt es heute noch oder besser wieder, ist mit einem Gesundheitszeugnis verbunden und in einschlägigen Kreisen als „Deckel" bekannt. Ob die damaligen wie die heutigen Horizontalen seit 1986 der Gewerbeordnung unterlagen und Einkommenssteuer zahlen mussten, ist mir unbekannt. Das müssen die Damen nämlich heute, ohne aber alle Rechte von Gewerbetreibenden zu besitzen – so können sie etwa keine Lehrlinge ausbilden. Ähem.

In Vindobona gab es außerdem, ebenfalls ähnlich zu heute, zwei Arten von Prostituierten: die Straßenmädchen, „prostibulae" genannt, und die Freude spendenden Mädchen in Freudenhäusern. Anders als heute, wo das Tragen von Hotpants, Strumpfhosen oder Leggings im Winter ein freiwilliges Erkennungszeichen darstellen, mussten die Damen damals genaue Kleidungsvorschriften befolgen. Und zwar: eine kurze Tunika, mit einer grünen Toga darüber, dazu je nach Jahreszeit ein weißer Überwurf, der an der Taille endete. Dazu eine gelbe Perücke am Kopf und eine Tiara darauf.

Auch später, im Mittelalter gab es Zeiten, in denen Prostituierte zwar bestimmten Kleidervorschriften zu folgen hatten, meist ein gelbes Tüchlein an der Achsel, aber durchaus legal arbeiteten und sogar an offiziellen Anlässen wie auch Umzügen teilnehmen durften. Solche Anlässe waren etwa offizielle Empfänge von hohen Gästen. Und auch bei Hochzeiten war es üblich, dass Prostituierte Glückwünsche überbrachten und beim Hochzeitsfest vortanzten.

Und auch im Mittelalter gab es Prostituierte in Bordellen, damals – aus heutiger Sicht irritierenderweise – „Frauenhäuser" genannt und solche, die auf der Straße arbeiteten. Letztere nannte man „freie Frauen", sie mussten zur Unterscheidung von ehrbaren Frauen stets verschleiert sein und waren zum Großteil Migrantinnen. Ob die FPÖ aber verschleierte Migrantinnen gemeint hat, als sie im Wiener Wahlkampf 2010 groß plakatieren ließ „Wir schützen freie Frauen", bleibt eine Sache der Spekulation.

Jeweils zeitgenössische wie auch manchmal historische Einblicke gaben beziehungsweise geben in Bibliotheken heute noch praktische Reiseführer für den Gentleman auf Abenteuersuche. Wie etwa das „Taschenbuch für Grabennymphen" (1787), „Galanterien Wiens auf einer Reise gesammelt und in Briefen geschildert von einem Berliner" (1784), „Wien, seine Geschichte und Denkwürdigkeiten" (1824), „Wiens Schandsäulen" (1886), „Die Prostitution in Wien und Paris" (1886) oder „Die Prostitution in Wien" (1925).

Der Wiener Lokal- und Sexführer, heute eher pragmatisch betitelt im Falter-Verlag zu finden, von 1714 mit dem Namen „Neu eröffnetes Wein-Wirths-Haus oder Curioser Gasthof", zählt unter anderem einige einschlägige Häuser auf, die meist recht klingende oder auch sprechende Namen hatten. Wie „Bey der neunfingert-Steyrischen Gredl", „Zum nakenden Kapauner", „Bey der angestrichenen Julerl", „Bei der Tyrollerischen Medritat-Krammerin-Frantzl", „Bey der kleinen Tobacks-Krammerin", „Zur wilden Sau", „Bey der Schneider Kundl" oder „Zur verguldten Gaiss".

Viele dieser Häuser standen in der heute zum Bezirk Neubau gehörenden Lokal- und Flanierzone am Spittelberg, der noch zu Zeiten der Stadtmauern, das vorstädtliche Amüsierviertel Nummer 1 war. Dort residierten die sogenannten „Bierhäuslmenscher", die etwas weniger „noblicht" waren als die innerstädtischen Grabennymphen. Übrigens waren Prostituierte in der Wiener Innenstadt noch bis in die 1980er-Jahre hinein eine Selbstverständlichkeit. Vor allem an der Kärntner Straße, am Graben und am Kohlmarkt, letzterer war dafür sogar sprichwörtlich bekannt, standen die nicht so ganz unauffälligen Damen ab etwa 10 Uhr abends an den Ecken. So trägt die Nummer 2 einer Serie von Bronzen von Alfred Hrdlicka namens „Drei Prostituierte" die Bezeichnung „Kohlmarkt".

Das Wiener Prostitutionsgesetz definiert Prostitution übrigens als „Duldung sexueller Handlungen am eigenen Körper oder die Vornahme sexueller Handlungen". Weiters darf die Anbahnung nicht in aufdringlicher

Weise geschehen und ist in „Bahnhöfen, Stationsgebäuden und Haltestellenbereichen öffentlicher Verkehrsmittel verboten". Dazu gilt ein Schutzbereich von 150 Metern Luftlinie Entfernung vom Ein- und Ausgangsbereich für folgende Örtlichkeiten: „1. Gebäude und Gebäudeteile, die religiösen Zwecken gewidmet sind; 2. Kindertagesheime; 3. Schulen und Schülerheime; 4. Jugendheime und Jugendzentren; 5. Kinder- und Jugendspielplätze; 6. Heil- und Pflegeanstalten; 7. Friedhöfe." Die Schutzzone verliert aber ihre Wirkung, wenn „sich zwischen Schutzobjekt und dem Ort der Anbahnung der Prostitution eine Abgrenzung befindet, die innerhalb des Schutzbereiches keine Verbindungswege und keine Sichtverbindung zum Schutzobjekt aufweist" also „insbesondere eine Bahntrasse oder eine Einfriedungsmauer."

Doch zurück zum Spittelberg. Der Prostitution etwas aufgeschlossener als seine Mutter Maria Theresia war ihr Sohn Josef II., dem man zahlreiche Kontakte nicht nur zum Personal sondern auch anonyme Besuche in „liederlichen Häusern" nachsagte. Allerdings soll er dabei ziemlich knausrig gewesen sein, weshalb er, wie es heißt und was durchaus auch bei einem Mitglied der kaiserlichen Familie, wenn es inkognito unterwegs war, möglich wäre, am Spittelberg aus einem der Häuser geworfen wurde. Daran erinnert sogar eine Tafel in dem Haus, das mittlerweile das Lokal „Witwe Bolte" beherbergt, und auf der zu lesen steht:

„Durch dieses Thor im Bogen/ist Kaiser Joseph geflogen."

Natürlich nahmen auch später noch gekrönte Häupter horizontale Dienste in Anspruch, im 19. Jahrhundert besonders gern die der bekannten Kupplerin Johanna Wolf. Unter ihren Kunden befanden sich neben Kronprinz Rudolf auch der spätere deutsche Kaiser Wilhelm II. und der spätere englische König Edward VII. Offiziell arbeitete Frau oder auch „Madame" Wolf als Händlerin und Herstellerin von Weißwaren, im Musical „Elisabeth" hat sie sogar ein eigenes Lied mit dem Titel „Nur kein Genieren".

Aber auch im Kaiserhaus schlich man sich nicht nur heimlich zu besagten Damen, vielmehr wurden diese im Hause Habsburg auch gerne zur Aufklärung der jungen Erzherzöge herangezogen. Die Aufklärung folgte einem genau festgelegten Ablauf: Zunächst wurde die Fortpflanzung anhand von Blumen, Bienen und Schmetterlingen erklärt, darauf folgte ein erster Anschauungsunterricht in einer – warum auch immer – Fischzuchtanstalt; abschließend suchte das Oberhofmeisteramt geeignete sorgfältig ärztlich untersuchte und folgerichtig als „hygienische Frauen" bezeichnete Damen für die praktische Umsetzung des theoretisch erworbenen Wissens. Da romantische Liebe nicht Teil des Erziehungsprogramms war, galten die jungen Habsburgerprinzen nicht gerade als Musterbeispiele in Sachen Charme und Galanterie.

Doch zurück in die Gegenwart. Ebenfalls nicht als Bordelle gelten in Wien natürlich Pensionsbetriebe für gewisse Stunden, also Stundenhotels. Manche dieser klassischen Zimmervermietungen sind eher biedere, tantige und wenig freudvolle Häuser, aber einige andere versuchen sich zunehmend als moderne Tempel der Liebe zu präsentieren. Bekannte und weniger bekannte Tatorte der Lust sind in Wien unter anderem die Hotels Goldene Spinne, Bauer, Thalia, Urania und das Hotel Weißes Lamm. Eines der ältesten und renommiertesten Hotels atmet auch heute noch den Flair vergangener frivoler Zeiten der Marke „Monarchie". Die Rede ist vom bekannten Hotel Orient am Tiefen Graben.

Die Außenfront im Jugendstil gehalten, bietet das Haus innenarchitektonisch eine Reihe von individuell im „burlesk-üppigen Makart-Stil" gestalteten Zimmern. Einige der durchaus Fantasie anregenden Namen der Zimmer lauten: Infantin, Nesterl, Rosso Rosso, Sexer, Oriental, 1001 Nacht, Kaiser Suite oder Mona Lisa. Kein Wunder, dass hier schon des öfteren Filme gedreht wurden, unter anderem einige Szenen aus „Der dritte Mann".

Ein weiterer Hot-Spot in Sachen Horizontales Gewerbe war und ist natürlich der Prater. Besonders die negativeren Aspekte dieser nicht immer freiwillig ausgeübten beruflichen Tätigkeit, wie Baby- und Drogenstrich, fanden und finden sich in dessen Umfeld. Als

Das Hotel Orient von außen, drinnen waren wir nicht.

Erinnerung an die Zeiten, in denen der Wurstelprater nicht notwendigerweise eine kindertaugliche Familienentertainmentzone war. Wie heute etwa der neue Eingangsbereich suggeriert, aber je mehr man über diesen schweigt, desto besser.

So gab es im Reich der Praterfeen noch bis in die letzten Jahrzehnte des 20. Jahrhunderts einige augenfällig einschlägige Orte. Wie etwa zwei Non-Stop-Porno-Kinos. Wobei in diesen, ja so ist Wien, zwischendurch der Kasperl für ein deutlich jüngeres Publikum aufgeführt wurde. Auch der heutige Praterkasperl residiert in einem der ehemaligen Porno-Kinos. Neben den Film(lust)spielen gab es unter anderem ein Striptease-Etablissement, direkt an der Hauptstraße des Vergnügungsparks gelegen, wo sich die Damen bereits öffentlich teilentkleideten (was etwa den Autor dieses Buches in zartem Alter durchaus erfreute), um die vorbeigehenden Herren für das Fallenlassen der restlichen Hüllen in die Bude selbst zu locken. Später wurden diese Institutionen durch modernere Formen wie Peepshows und Videokabinen ersetzt.

Eine andere, allerdings nur scheinbar einschlägige Institution des Wiener Praters war das gleich neben dem Striptease-Tempel angesiedelte „Sexmuseum", dessen marktschreierische Tonbandstimme, die schier Unglaubliches verhieß, man bis in die 80er-Jahre hinein vernehmen konnte. Tatsächlich war das Sexmuseum eher eines Museum seiner selbst: das letzte Überbleibsel der alten Gattung „Panoptikum" oder „Kuriositätenkammer".

Denn im ursprünglich „Panopticum und Menschenmuseum" geheißenen Etablissement des Hermann Präuscher war nicht viel von Sex zu finden. Vielmehr lag der Fokus auf anatomischen Exponaten wie verwachsene Embryone in Reagenzgläsern, Fotos von menschlichen Freaks ... und Dingen, die irgendwie schon irgendwie ein bissi mit Sex zu tun hatten – wie afrikanische Penisringe oder harmlose historische Sexfilmchen, anzusehen in ebenso historischen Münzautomaten. Ein Teil der „Curiositäten-Sammlung" befindet sich heute im Narrenturm im „Pathologisch-anatomische Bundesmuseum".

Wo übrigens auch einige der „tierischen und menschlichen Feuchtpräparate" des ehemaligen „Elektro-pathologischen Museums" zu finden sind, das früher im Volksmund besser bekannt war als das „Museum für Stromtote und Wasserleichen."

Wenn wir schon bei Orten sind, die nicht mehr sind: auch die anderen ehemaligen bekannten Wiener Pornokinos, die ihr Filmangebot zur Freude vieler Teenagergenerationen auch stets in den Kinoprogrammen der Tageszeitungen anpriesen, wenn auch gelegentlich mit zensierenden, aber gerade deswegen die Fantasie anregenden Punkten oder Sternchen versehen, haben sich Dank Patschenkino samt Videorekorder, DVD-Player oder pornografischer Kabel-Kanäle schon vor langem zu ehrenwerten Etablissements gewandelt. Das „Mariahilfer Kino" etwa wurde zuerst zum Off-Theater Gruppe 80 und beherbergt jetzt mit Das TAG das nachgefolgte ebenfalls Off-Theater. Das „Schäffer-Kino", ursprünglich 1907 von einer bekannten Wiener Volksschauspielerin namens Mizzi Schäffer, die eine der ersten Frauen in der Wiener Kinobranche war, als sogenanntes Logenkino auf der Mariahilfer Straße gegründet, ist jetzt teilweise Billa teilweise Schuhgeschäft. Und das „Rondell-Kino" in der Riemergasse im ersten Bezirk, das unter anderem auch in einem Lied der Gruppe Drahdiwaberl vorkommt, ist jetzt der Jazz-Tempel „Porgy & Bess".

Und noch etwas gibt es nicht mehr: Kondomautomaten von Ferry Ebert. Ab 1962 flächendeckend neben Kaugummiautomaten, solchen mit „Tutti Frutti"-Fruchtgummis, solchen mit Sport-Gummis sowie Automaten ohne Gummiwaren in Wien und Restösterreich aufgestellt, beendete der Blech-König seine Karriere 2002 aus recht pragmatischen Gründen. Die Umstellung der 10.000 Automaten aller Sorten auf Euro wäre zu teuer gekommen. Dennoch sind Ferry Eberts Straßen-Automaten mit Marken wie Olla oder Blausiegel noch vielen in Erinnerung.

Übrigens: Der Hersteller der Blausiegel-Kondome ist auch gegen das etwaige Versagen seiner Waren gerüstet. Stellt doch dieselbe Firma auch die ebenso bekannten NUK-Schnuller her.

Wien, radial und tangential

Wien hat etwas, worum es von vielen anderen Städten beneidet wird. Und ich meine jetzt nicht die zahlreichen Grünzonen, die sich idealerweise an Berg und Fluss und fruchtbarer Ebene befinden. Nein, ich meine die durchgehende Geschichte der Straßenbahn. Denn in Zeiten der verstopften Straßen, in denen auch Busse kaum weiterkommen, sind öffentliche Verkehrsmittel, die auf eigenen und für den Autoverkehr gesperrten Wegen bzw. auf Schienen fahren, ein unbezahlbarer Luxus. Den viele andere Städte in Zeiten der Motorisierung leichtfertig und allzu schnell aufgegeben haben. Man denke nur an Los Angeles, das 1925 über sage und schreibe 1900 Netzkilometer verfügt hat. Tatsächlich gibt es heute trotz wieder steigender Tendenz nur mehr sehr wenige Hauptstädte der Welt, die ein intaktes Straßenbahnnetz verfügen.

Die komplette Liste beinhaltet: Kairo, Rabat, Tunis, Kyoto, Brüssel, Sarajewo, Sofia, Tallinn, Helsinki, Dublin, Zagreb, Riga, Den Haag, Oslo, Warschau, Lissabon, Bukarest, Moskau, Stockholm, Bern, Belgrad, Pressburg/Bratislava, Prag, Kiew, Budapest, Minsk, Mexiko-Stadt, Buenos Aires. Dazu kommen noch Rom mit einem sogenannten Rumpfnetz – gerade mal fünf Linien mit weniger als 40 km Strecke von ehemals 400 – und

Berlin, wo die Tram nur „Dank" der Teilung im Osten der Stadt überlebt hat. Weiters in der Liste die Neueinsteiger Paris (nur Umgebung), Ottawa und Madrid, welche die Straßenbahnen nach jahrzehntelanger Pause wieder eingeführt haben, und zwar 1992, 2001 und 2007.

Denn abgesehen von den schon genannten Vorteilen sind Straßenbahnen viel besser für ein dichtes öffentliches Verkehrsnetz geeignet als zum Beispiel U-Bahnen, die zwar natürlich schneller sind, aber dafür nie eine ganze Stadt wirklich abdecken können. Bemerkenswert ist auch, dass in Europa die Straßenbahnen vor allem im ehemaligen Osten und in ärmeren Ländern des Westens überlebt haben. Klarerweise eine Frage des Geldes – für die teuren U-Bahnen und den teuren motorisierten Individualverkehr braucht man erst mal Geld.

In Wien war das Überleben der Straßenbahn hingegen keine Kostenfrage. Denn natürlich sind auch in Wien der Autoverkehr enorm und die U-Bahnen wichtig, aber ihre im Vergleich zu anderen Städten erst späte Einführung in Wien geht nicht nur auf die schon vorhanden gewesenen Schnellbahnen und Stadtbahnen, die ursprünglich für Truppentransporte zwischen den Kopfbahnhöfen eingeführt wurden (siehe „Kurioses Wien", Kapitel „Unterirdisch unterwegs"), zurück, sondern eben auch auf das lange Zeit extrem effiziente Straßenbahnnetz.

Sehr gut bestückt mit Straßenbahnen sind übrigens auch noch weite Teile Deutschlands. Das aber auch weniger als früher, als praktisch jede Mittelstadt über eigene Straßenbahnen verfügte. In Österreich sind von früher insgesamt 14 Städten mit Bim immerhin sechs übrig geblieben.

Nach Melbourne, St. Petersburg und Berlin liegt Wien mit einer Betriebslänge von 172,1 Kilometern weltweit auf Platz vier, mit 214,9 Kilometern vorhandener Streckenlänge wäre sogar ein Platz drei drin ...

Für den nach Kuriosem Ausschau haltenden Betrachter ist im Zusammenhang mit dem Streckennetz der Wiener Öffis wohl vor allem dessen Aufbau und numerische Anordnung interessant. Und sein Bezug zu den Wiener Telefonnummern. Dazu dann am Ende des Kapitels.

Kleiner etymologischer Einschub. Neben Straßenbahn, nur selten kurz „Bahn" genannt, bezeichnet der Wiener seine Schienenfahrzeuge entweder als Tram oder Tramway sowie als Bim. Ersteres ist eine auch in anderen Erdteilen übliche Entlehnung aus dem Englischen, obwohl es viele englisch sprechende Gegenden gibt, wo Straßenbahnen nicht „tram" sondern „trolleycar" oder „streetcar" heißen. Das Wort Tramway selbst stammt aber aus dem Schottischen rund um 1500, wo es die Wagen in Bergwerken bezeichnete. Wörtlich übersetzt heißt es „Holzbalkenweg". Der Begriff Bim ist dagegen Urwienerisch und bezieht sich einfach auf das bezeichnende Geräusch der Straßenbahn, das es heute nur noch beim „Hupen" macht. Das früher aber auch per alle Wagen (teilweise drei Waggons) durchlaufende Seil vom Schaffner als Zeichen zur Abfahrt oder Notsignal an den Fahrer weitergegeben wurde. Siehe auch das Wienerlied von „Liebe kleine Schaffnerin, kling, kling, kling" mit der schönen Zeile: „Und ich küsse dann sehr galant/deine kleine entzückende, kleine berückende, fahrkartenzwickende Hand."

Zurück zum Netz. Zu seinem absoluten Höhepunkt, was den Ausbau bzw. die Erweiterung der Linien betrifft, war das Netz der Wiener Verkehrsbetriebe nach einem erstaunlich ausgeklügelten System nummeriert, das 1907 eigeführt wurde und in rudimentären Resten noch bis heute besteht und sichtbar ist. Eigentlich könnte jeder Wiener auch ohne es nachzuschlagen leicht darauf kommen, aber die meisten begnügen sich damit zu wissen, welche Linien sie benutzen müssen, um von Punkt A nach Punkt B zu kommen. Und, Hand aufs Herz, das ist ja auch die wichtigste Funktion von Bus und Bim.

Die Nummerierung folgt der Tatsache, dass Wien mehr oder weniger kreisförmig aufgebaut ist. In der Mitte der fast runde Ring, gefolgt von dem ebenfalls ziemlich runden Gürtel, den man mit etwas Fantasie auch noch über seine tatsächliche Benennung hinausziehen kann. Noch weiter draußen die Vorortelinie. Ein in einen Teich geworfener Stein macht perfektere konzentrische Kreise, aber was die stadtplanerischen Belange betrifft, ist Wien ausreichend rund. Und ebenso wie die Nummerierung der Wiener Straßen dem System von Radialstraßen (sternförmig vom Zentrum aus weg) und Tangentialstraßen (entlang der gedachten konzentrischen Kreise) folgt, so folgt auch die Benennung der Wiener Verkehrsmittel diesem Muster. Man muss dazu nur zweierlei wissen: erstens, dass die Nummerierung gegen den Uhrzeigersinn verläuft und zweitens, wo sie beginnt.

Zweiteres zuerst: Die Nullachse, korrekt: die sogenannte „Direktionslinie", verläuft von der Innenstadt kommend über die Praterstraße und die (von jedem Wiener anders ausgesprochene) Lassallestraße über die Reichsbrücke nordwärts. Wieso das so ist, das ist nicht ganz klar, aber erstens muss man ja irgendwo anfangen und zweitens kommen diese ziemlich genau nordöstlich verlaufenden Straßenzüge so etwas wie einem in Wien nicht vorhandenen veritablen Nord-Süd-Meridian am nächsten. Entlang dieser Achse fuhren und fahren stadtauswärts die radialen Bahnen (und Busse) mit den 20er-Nummern. Danach folgen – interessanterweise gegen den Uhrzeigersinn – ab Ringturm die 30er-Nummern, dann ab Uni bis Bellaria die 40er etc., bis wir schließlich im Bereich des dritten Bezirks bei den 70er-Nummern landen. Von denen nur noch eine eine Bim ist: der 71er vulgo die „Friedhofstram".

Nicht direkt vom Ring weg aber auch radial verkehren dann noch einige 80er-Busse. Wie auch so manche Radiallinien der Straßenbahn nicht – oder nicht mehr – vom Ring ausgehen, wie etwa die 50er-Linien der äußeren Mariahilfer Straße ab Westbahnhof oder die Nummer 30 ab Floridsdorf.

Die Nummern von 1 bis 19 waren den Rund- oder Tangentiallinien vorbehalten, also etwa der 8er, der 18er oder – als Bus – der ganz besonders tangential durch die Bezirke schneidende 13A. Deswegen hießen auch die mittlerweile nicht mehr nur tangential fahrenden ehemaligen Ring-Rund-Linien noch vor ein paar Jahren 1 und 2. Hier zeigt sich aber auch schon die mittlerweile stattgefundene Verwässerung – netter formuliert: Adaptierung – des Systems. Neben Radial- und Tangentiallinien gibt es nämlich im Originalsystem auch die sogenannten Durchgangslinien, die teilweise entweder radial in zwei Richtungen vom Ring wegstreben (etwa der D-Wagen nördlich nach Nußdorf und südlich zum Südbahnhof) oder eben mehrere Zonen durchfahren wie der O. Korrekt formuliert: Durchgangslinien stellen die Verbindung zwischen einer Rundlinie und einer oder zwei Radiallinien her.

Diesen Linien waren im alten System die Buchstaben vorbehalten, in der Hochblüte der Tram ein komplettes ABC von A bis Z. Ebenfalls von der Direktionslinie weg alphabetisch nummeriert. Heute sind dafür die Nummern 1 bis 4 vorgesehen, weshalb die beiden vorletzten Buchstabenstraßenbahnen, die Reste des legendären J (dareinst von Ottakring bis Stadiongasse/Erdberg verkehrend) und der N, eben in die neuen Linien 1 und 2 übergegangen sind.

Da es geplant ist, langfristig alle Buchstaben zu eliminieren, sollte der D-Wagen bereits 2009 in das neue System integriert werden und künftig die Nummer 3 tragen. Da aber keine Streckenänderung den Plan rechtfertigte und die grundlose Umbenennung wohl auf wenig Gegenliebe der Wiener gestoßen wäre, wurden diese Pläne verschoben.

Insgesamt gibt es heute nur mehr 28 Straßenbahnlinien, deren viele Lücken durch Busse (mit A-Suffix für städtische und B-Suffix für private Unternehmen) versehen sind. Um genau zu sein: D, O, 1, 2, 5, 6, 9, 10, 18, 26, 30, 31, 33, 37, 38, 40, 41, 42, 43, 44, 46, 49, 52, 58, 60, 62, 67, 71.

Den noch relativ reichlich vorhandenen 40er-Linien wird wohl früher oder später die Richtung Hernals geplante U-Bahnlinie U5 den Garaus machen. Außer die Wiener Stadtplanung schließt sich dem internationalen Trend an und erhält nicht nur ihr uraltes und gut eingeführtes System, sondern baut es auch wieder aus. Dass man noch weiß, wie das mit dem Schienen verlegen geht, hat man doch erst vor kurzem hinter dem Parlament bewiesen, wo eine Ausweichroute für die ja nicht gerade seltenen Sperren der Wiener Ringstraße verlegt wurde.

Der gute alte D-Wagen als neuer ULF (ultra low floor)

Wer übrigens aktuelle und teilweise auch nostalgische Fahrten auf fast dem gesamten Wiener Streckennetz weltweit und bequem miterleben will, der braucht nur auf YouTube die Begriffe Straßenbahn und Wien eingegeben und kann schon gemütlich etwa mit der Linie D vom Südbahnhof nach Nußdorf gondeln. Kabelfernseher können auch jede Nacht komplette Fahrten auf der sogenannten „Nachtschiene" des Senders W:24 verfolgen. Nicht-Kabelfernseher finden Videos davon auch auf der Website des Senders.

Nun noch zu der versprochenen Telefonnummernsache. Im Gegensatz zu der doch recht stabilen Nummerierung der Wiener Verkehrsmittel verlief die Vergabe der Wiener Telefonnummern zur Zeit der Hochblüte des Festnetzes recht abwechslungsreich. Zeitweise gab es Kombinationen aus Buchstaben und Ziffern, dann lange die sechsstelligen Nummern, schließlich die siebenstelligen. Und aus der Ära der sechsstelligen Nummern stammt auch das angesprochene Kuriosum: Diese Nummern wurden nämlich analog zu den Radiallinien der Straßenbahnen vergeben. Erhielt man früher in Wien von jemandem die Telefonnummer, dann konnte man sich anhand der ersten Stelle ausrechnen, wo ungefähr er zu Hause war: 2er-Nummern für den zweiten Bezirk und Transdanubien, 3er-Nummern für den neunten Bezirk und darüber hinaus ... und so weiter, gegen den Uhrzeigersinn rund um den Ring mit 5er-Nummern in Mariahilf und schließlich 7er-Nummern im dritten Bezirk und Simmering!

Den ersten Schlag erhielt dieses System durch die Einführung der siebenten Nummer, die zwar meist zwischen die erste und zweite Nummer geschoben wurde und somit die Anfangsziffer beibehielt, aber eben nicht immer. Und ganz zerstört wurde diese kleine Eselsbrücke für Insider, nein, nicht durch die Handys, sondern schon davor durch die Rufnummernmitnahme. Was die physische Trennung zwischen der einen bestimmten Ort suggerierenden Telefonnummer und dem tatsächlichen Standort des Apparates mit sich brachte, quasi eine telekommunikative Dislokation.

In ganz forensisch kaum nachweisbaren Spuren existiert dieses System heute noch. Verlassen sollte man sich darauf aber in Zeiten von alternativen Festnetzanbietern (ja, die gibt es auch) und Rufnummernmitnahme nicht mehr. Was in zweiteren Fall ja auch für Handys gilt. Das hat zwar praktische Vorteile, führt aber zu interessanten Wanderungen mancher Mobilnummern quer durch alle heimischen Betreibernetze ...

Dafür gehören manche Umlandgemeinden wie Kledering, Mauerbach, Perchtoldsdorf, Schwechat, Vösendorf telefontechnisch quasi noch immer zum ehemals von den Nazis erweiterten „Groß-Wien" und sind national und international unter der Wiener Vorwahl 01 bzw. 0043-1 erreichbar. Übrigens: Die Umstellung der Wiener Vorwahl von einst (aber noch bis 2007 alternativ gültigen) 0222 auf 01 hat heute den witzigen Nebeneffekt, dass Anrufe an das Deutsche Handynetz manchmal durch Vorwahlfehler in Wien landen: Beginnen doch alle deutschen Handynummern mit 1!

Als kleines PS noch zurück zu einer aktuellen furiosen Auslandskarriere einiger Wiener Straßenbahnen: Derzeit verkehren zu Stoßzeiten mehrere ausgemusterte Wiener Garnituren auf einer Schnellstrecke – zwischen Utrecht und Nieuwegein in Holland! Es handelt sich dabei um die großen alten U6-Wagen, die wie überdimensionale klassische Straßenbahnen aussehen. Die Garnituren sollen bis zur kompletten Neuausstattung der Strecke mit neuen Zügen dort verkehren. Da sie nicht bei allen Stationen halten, sind die Stopps („Halte Spitstram" genannt) mit roten original ovalen Wiener Straßenbahnhaltestellenzeichen versehen. Auch die Farben und Nummern wurden nicht umlackiert und sind daher in Utrecht auch als „Weense Trams" bekannt.

P.P.S.: Auch Los Angeles besinnt sich seiner Wurzeln und baut wieder Straßenbahnstrecken. Aktuell werden 117 Kilometer befahren, etwa ein Zehntel des Standes von 1925. Immerhin.

Augenbrauen und andere Steine

Eines der Dinge, die Wien vor allem für Touristen so attraktiv machen, sind die – nicht nur in der Innenstadt – anzutreffenden Verzierungen der Fassaden. Viel alte, statt abgerisse doch immer wieder renovierte Bausubstanz, der Wiederaufbau nach den Zerstörungen des Zweiten Weltkriegs oft Originalplänen folgend und das generelle Zauberwort „Ensembleschutz" der Wiener Stadtplanung verschaffen Wien ein weiträumiges homogenes, zuckergussartig verziertes Aussehen mit Schlagseite Richtung (Neo-)Barock.

Abgesehen vom Loos-Haus am Michaelerplatz, das Kaiser Franz Joseph aufgrund der fehlenden Fensterverdachungen abwertend als „Haus ohne Augenbrauen" bezeichnete (er ließ angeblich nach dessen Errichtung einige Fenster der Hofburg vernageln und benutzte fortan nur noch andere Ein- und Ausgänge) und das wegen seiner schachbrettartigen schmucklosen Fassade in zeitgenössischen Karikaturen auch schon einmal mit einem Gulli-Gitter verglichen wurde, hielt der Trend zur Verzierung (bis heute) an. So gibt es in Wien eher wenige flache, völlig ungeschmückte Fassaden. Und wenn der Stuck fehlt, dann ist fast immer irgendwo ein Stück Kunst zu finden. Manchmal versteckt, manchmal sehr klein, aber gewöhnlich ziert auch noch am trostlosesten Gemeindebau zumindest ein Mosaik die Außenmauer. Oder das eine oder andere Relief. Diese jeweils zeitgenössischen künstlerischen Behübschungen verdankt Wien unter anderem der Initiative „Kunst am Bau" (heute „Kunst im öffentlichen Raum"), die der Stadt die vielen Murale, Mosaike und auch unzählige Plastiken rund um die errichteten Gebäude einbrachte. Wer – auch abseits von Parks und Plätzen – offenen Auges durch die Stadt geht, vor allem auch in den Innenanlagen der Gemeindebauten, wird an jeder Ecke Figuren und Skulpturen erblicken.

Manchmal an den seltsamsten Orten. So steht die „Ährenträgerin" der Bildhauerin Margaretha Hanusch etwas verlassen an der letzten Ampel der Schlachthausgasse vor der Brücke zum Prater. Umringt von abwechselnd Baumaterialien und Gastronomie-Lieferungen für das daneben liegende „Zum Knusperhäuschen" und „Cafe Violet". Andere Werke der Künstlerin wie „Lautenspielerin und Sängerin" oder „Die Familie", alle in der Nachkriegszeit entstanden, sind da etwas günstiger platziert. Doch nicht nur Menschen tummeln sich in Stein gehauen auf Wiens Straßen und Höfen, allein im dritten Bezirk stehen unter anderem ein Bär (Neulinggasse 1), eine Tiergruppe (genauer: die Brunnenplastik „Haustiergruppe" von Gertrude Conrad, Kleingasse 6–18) sowie, warum auch immer, ein Nilpferd samt Nilpferdbaby (Erdbergstraße 16–28) in weniger als einem Kilometer Radius voneinander entfernt.

Wer sich gern einmal von der Fülle der in Wien stehenden öffentlichen Kunst erschlagen lassen möchte, der kann sich ja mal die Seite „Wiener Kulturgut" im Internet ansehen (www.wien.gv.at/kultur/kulturgut/). Die hier aufgezeigten „Denkmäler, Freiplastiken, sakrale Kleindenkmäler, Brunnen, Gedenktafeln, Grabmäler (nur aufgelassener Friedhöfe) und wandgebundene Kunstwerke" sind zwar bislang nur bis zum Entstehungsjahr 1918 erfasst, aber immerhin. Viele dieser interessanten Statuen, Mosaike, Reliefe etc. befinden sich jedoch nicht auf Bodenhöhe, sondern sind etwas höher gelegen, meist auf Höhe der Fenster des ersten Stocks. Sind solche Figuren in anderen Städten eher nur Kirchen, Palästen, Palais und öffentlichen Gebäuden vorbehalten, finden sie sich in Wien sehr häufig auch auf durchschnittlichen Wohnhäusern. Mit einem – detailverliebten oder spezialisierten – Reiseführer oder mit tragbarem Internet bewaffnet, kann hier auch der urigste Urwiener so manche Entdeckung machen. Oder ist Ihnen schon mal aufgefallen, dass über dem Eingangsbereich des Café Central zwölf lebensgroße Statuen stehen? Vier Damen an der Front, jeweils vier Herren an den Seiten Herrengasse und Strauchgasse. Sie stammen von Hans Grasser, einem der bedeutendsten Bildhauer seiner Zeit, und sollen die Völker der Monarchie symbolisieren. Von Grasser stammen übrigens unter anderem auch die allegorischen Figuren an der Fassade des Heeresgeschichtlichen Museums. Sie stellen die militäri-

Finden Sie die zwölf Statuen!

schen Tugenden dar, und zwar: Stärke, Wachsamkeit, Frömmigkeit und Weisheit (weibliche Figuren) sowie Tapferkeit, Fahnentreue, Aufopferung und die kriegerische Intelligenz (männliche Figuren).

Doch zurück in die Herrengasse. Das Haus, in dem das Café Central beheimatet ist, ist auch sonst überreich verziert („toskanischer Neorenaissance-Stil"), hieß früher „Bank- und Börsengebäude" und ist jetzt besser bekannt unter dem Namen „Palais Ferstl". Das eigentliche, ursprüngliche Café Central, auch – nach den vielen prominenten Spielern, die sich unter seinen Besuchern fanden – „Die Schachhochschule" genannt, lag übrigens früher im Innenhof. Das heutige Kaffeehaus logiert in einer ehemaligen Schalterhalle, zu Beginn nichts weniger als die „Warenbörse der Österreichisch-Ungarischen Nationalbank". Das Palais wurde übrigens nicht nach einem adligen Besitzer benannt, sondern nach seinem adligen Erbauer – Heinrich von Ferstel, der unter anderem auch der Architekt der Votivkirche, der Hauptuniversität am Dr.-Karl-Lueger-Ring, der Universität für Angewandte Kunst Wien (ehemals Kunstgewerbeschule) und dem Museum für angewandte Kunst (MAK) war. Alle diese Gebäude sind, übrigens wie fast alle anderen Bauten am Ring auch, ebenfalls geradezu übersät von Skulpturen.

Gleich gegenüber vom „Central" mit seinen monarchistischen Völkerfiguren steht an der Adresse Herrengasse 12 ein von Otto Wagner Schüler Franz Krasny ebenfalls als Bankgebäude (der „Zivnostenska Banca") errichtetes Haus (1914–1919) – mit zwei Reliefs, von denen eines quasi der Macht der werktätigen Masse gewidmet ist. Die Inschrift unter halbnackten muskulösen Männern verrät, originellerweise in Latein, dass ohne Arbeiter schon mal rein gar nichts geht („Fabrilia movent orbem"), die andere preist dafür, ebenfalls unter muskulösen Männern, den gesunden Markt als Grundlage des Glücks („Mercatus sanus felicitatis fundamentum"). Wie auch immer. Franz Krasny zeichnete übrigens auch die ersten Pläne der Öffentlichen Bedürfnisanstalt am Graben (siehe „Kurioses Wien").

Tatsache ist, das Wien auf Schritt und Tritt, auf Straßenniveau wie auf Hausdächern und dazwischen, mit sicher Tausenden, wenn nicht Hunderttausenden steinernen Mitbürgern aufwarten kann. Man muss nur einmal genau hinsehen.

Jedenfalls verwundert es daher nicht weiter, wenn ein Buch der französischen Schriftstellerin Anaïs Nin den Titel trägt: „Wien war die Stadt der Statuen". Das Buch heißt im Original „Collages" und ist ihr letzter Roman. Es beginnt – und endet – mit folgender Passage: *„Vienna was the city of statues. They were as numerous as the people who walked the streets. They stood on the top of the highest towers, lay down on stone tombs, sat on horsebacks, kneeled, prayed, fought animals and wars, danced, drank wine and read books made of stone."*

Kunst und Kultur, unterirdisch

Immer wieder einmal geistert der Begriff „Kulturlinie" durch die Medien, wenn von der Wiener U-Bahnlinie U3 die Rede ist. Tatsächlich wurde diese zum Teil als eine solche geplant und auch immer wieder so beworben. Ein logisches Hauptargument dafür ist, dass an ihrer Strecke besonders viele kulturelle und künstlerische Institutionen zu finden sind. Allerdings, wenn die Bemerkung erlaubt ist, nimmt das nicht besonders Wunder, wenn eine Linie die Wiener Innenstadt kreuzt ... Und auch sonst ist ja fast von jeder anderen U-Bahnstation in Wien irgendetwas Kulturelles nur einen Steinwurf entfernt.

Aber egal, denn man muss auch sagen, dass für die Gestaltung von Teilen der Stationen tatsächlich besonders viele zeitgenössische Künstler engagiert wurden, die seit 1991 teilweise erstaunliche und auch sehr umfangreiche Kunstwerke, meist im Ein- und Ausgangsbereich der Stationen, geschaffen haben. Oftmaligen, ja wohl besonders, täglichen Benutzern der U-Bahn mag das gar nicht mehr so sehr auffallen, tatsächlich ist die Liste der Gestalter der U-Bahn-Kunst durchaus prominent gehalten.

So findet sich das *größte* Kunstwerk in der Station „Volkstheater", wo ein riesiges Mosaik, ein sogenanntes

Glasfries, den ganzen Bahnsteig umrahmt. Es wurde von Anton Lehmden in Zusammenarbeit mit Künstlern einer italienischen Mosaikschule in zweieinhalbjähriger Arbeit geschaffen und thematisiert sowohl die „Entstehung des Universums aus dem Urknall" wie auch die „Entwicklungsgeschichte der Natur auf Erden".

Das *höchste* Kunstwerk befindet sich in der Station „Schweglerstraße". Dort ragt die „Wellenmaschine" von Nam June Paik 15 Meter vom Bahnsteig bis zum Ausgang hoch auf und wird durch den Luftschwall ein- und ausfahrender Züge in Bewegung versetzt. Dazu erzeugen Leuchtdioden optische Effekte. Außerdem steht dort seine Videoinstallation „Tele Archäologie", eine Art Mauer mit Fenstern und Fernsehern auf Schienen, und einige weitere Objekte (ein Mini-Cooper, die Räder einer Lokomotive, ein Sportflugzeug und eine Mercury-Landekapsel) hängen neben dem Aufzugschacht von der Decke.

In der Station „Landstraße" hat niemand geringerer als Oswald Oberhuber ein Wandgemälde, eigentlich Emailplatten, angepasst an die üblichen Wandelemente der U-Bahnstationen unter dem Titel „Permanent – Graffiti" gestaltet. Dazu kommt noch die Videoinstallation „Planet der Pendler" von Kurt Hofstetter – eine Uhr, in der vorbeigehende Passanten via Videokamera zum ständig wechselnden Uhrblatt werden.

Auch nicht klein ist die von ebenfalls einem der wichtigsten zeitgenössischen Künstler, nämlich Adolf

Kunst im Alltag. U-Bahn-Station Volkstheater

Frohner, in der Station „Westbahnhof" geschaffene Kunstwand mit dem Titel „Cirka 55 Schritte durch Europa", die sich auf 40 Metern mit der Evolution des Kontinents Europa auseinandersetzt. Um zu verhindern, dass sich Passanten auf die abschließende schwarze Steinkugel setzen, gibt es mittlerweile eine Barriere.

Außerhalb der Station „Erdberg", lange Zeit der Endpunkt der Linie, nämlich an den Wänden der Erdbergstraße im Schatten der Südosttangente finden sich die zwei aus handbemalten Fliesen gestalteten Mosaike „Stadtauswärts" und „Stadteinwärts" von Peter Atanasow, welche die Symbiose des Zusammenlebens in einer Stadt darstellen sollen.

In der Station „Johnstraße" gibt es an den Wänden des Ausgangsbereichs eine Emaildarstellung der „Frühjahrsparade auf der Schmelz 1897", eine Reproduktion des Originalgemäldes von Felician Freiherr von Myrnbach-Rheinfeld, das im Heeresgeschichtlichen Museum hängt.

Die Kunst-Installation „Bewegungen der Seele" von Michael Hedwig in der Station „Stubentor" widmet sich insgesamt auf drei Teile aufgeteilt und über die gesamte Station verteilt den Themen „Bewegung" und „Miteinander". Eines vertikal entlang des Liftschachtes, eines am Weg zum Bahnsteig und das dritte über einem Gleis. Gut umgesetzt also die generelle Auflage der Wiener Linien, dass die Kunstwerke den konkreten Ort U-Bahn bei der künstlerischen Gestaltung mitbedenken sollen.

Die Station „Hütteldorfer Straße" zeigt auf Stahlblech das „U-Bahn-Alphabet" von Georg Salner, eine Art 40 Meter lange changierende optische Installation mittels verschiedenfarbigen, beschrifteten Streifen an der Wand.

Die Station „Enkplatz" bietet sowohl einen Digitaldruck namens „Beletage" von Mona Hahn und Ilse Haider, als auch „Spiegelbilder" genannte Holzschnitte auf Email von Erich Steininger.

Die beiden (vorläufigen) Endpunkte der Linie glänzen zum einen mit einer Skulptur namens „Frosch" von Gottfried Kumpf in „Simmering" und zum anderen sowohl mit einer Skulptur mit Videoinformation namens „U-Turm" von Margot Pilz in der Station „Ottakring", als auch mit einer Graffiti namens „Styl´s und Characters" des Vereins Graffiti Union beim Ausgang Paltaufgasse.

Wenn man noch die archäologischen Funde im Zuge des U-Bahnbaus, die teilweise in, teilweise über den Stationen ausgestellt oder sichtbar gemacht werden, hinzuzählt, gesellen sich noch einige weitere Stationen zur Kulturlinie hinzu. Wie die Virgilkapelle („Stephansplatz"), die Ludwigskapelle („Herrengasse"), die Renaissancestadtmauer („Stubentor") – siehe auch das Kapitel „Flache Denkmäler" – und Reste römischer Säulen („Rochusgasse"). Übrigens gibt es auch noch andere Kunststationen auf anderen Linien, vor allem auf der U2, am Knotenpunkt Karlsplatz und in einer Ustraba-Station (Laurenzgasse).

Zwar sind noch nicht alle Stationen der Linie U3 künstlerisch aufgewertet, aber man kann auf zukünftige Entwicklungen dieses work in progress hoffen. Und außerdem lässt sich schon jetzt im Wiener Untergrund ganz schön viel – moderne – Kunst im öffentlichen Raum besichtigen. Zum Preis einer Tageskarte der Wiener Linien.

Kahlenbergverwirrung

Obwohl Wien zahlreiche – auch höhere – Gipfel aufzuweisen hat, gelten doch der Kahlenberg und der Leopoldsberg als seine Hausberge. Wenn wir einmal den nur gnadenhalber so bezeichneten Bisamberg außer Acht lassen.

Mancher Bewohner der Stadt mag schon gehört haben, dass der Kahlenberg früher Saukogel hieß. Das stimmt auch – mehr oder weniger zumindest, in Wirklichkeit ist es ein gutes Stück komplizierter: Denn der Kahlenberg, den wir heute als solchen kennen, war nicht immer der Kahlenberg. Vielmehr wurde nämlich früher der heutige Leopoldsberg als Kahlenberg bezeichnet und ist somit der eigentliche Kahlenberg, der Ur-Kahlenberg sozusagen. Das erschließt sich auch daraus, dass sich das sogenannte Kahlenbergdorf – heute der nördlichste Teil von Döbling – zwischen Donau und Leopoldsberg befindet und eben nicht ... aber der Reihe nach.

Bis ins 17. Jahrhundert thronte der damals so genannte Kahlenberg über der Donau. Mindestens seit der Bronzezeit lebten an und auf ihm Menschen, auf seiner Spitze gibt es sogar Funde einer Höhensiedlung aus der sogenannten Urnenfeldkultur. Vermutlich wurde der Kahlenberg aufgrund seines steil zur Donau abfallenden, felsigen Abhangs und seiner geringen Bewaldung so bezeichnet, als "kahler Berg" eben. Er ist allerdings auch das Ende desjenigen Teils des Wienerwaldes, der auch als Kahlengebirge bekannt ist. Ob der Berg jedoch den Namen des sonst ja sehr bewaldeten Gebirges erhielt oder doch eher das Gebirge den Namen des Berges, konnte ich nicht mit letzter Sicherheit ermitteln.

Jedenfalls ließ der Babenberger Leopold III. im zwölften Jahrhundert hier eine Festung gegen die Magyaren errichten. Was den Namen des Berges nicht änderte. Der Habsburger Kaiser Leopold I. ließ dann 1679 die Leopoldskapelle bauen. Was den Namen vorerst ebenfalls nicht änderte. Diese wurde 1683 von den Türken zerstört, 1693 wieder aufgebaut und dem Heiligen Leopold geweiht. Der übrigens niemand anderer ist als der schon oben genannte, inzwischen heiliggesprochene Leopold III. – ja der, wegen dem heute noch aller Schüler Wiens und Niederösterreichs im Herbst einen Tag, zu Leopoldi, schulfrei haben. Worauf der Berg nun endlich den Namen Leopoldsberg erhielt. Und der danebenliegende ... Josephsberg wiederum seinen Namen erbte. Denn der heutige Kahlenberg hieß eine kurze Zeitspanne – zwischen 1628, nämlich als ihn Kaiser Ferdinand II. vom Stift Klosterneuburg kaufte und so taufte, bis eben 1693 – Josephsberg. Davor, erraten, war er aber als Sauberg oder Schweinsberg bekannt – logischerweise nach den hier seit jeher reichlich anzutreffenden Wildschweinen benannt.

Der Cityguide
für Lebenskünstler

Christof Bieberger / Alexandra Gruber
Ganz Wien für wenig Geld
ISBN 978-3-99300-043-1
€ 9,90

Von Harald Havas im Metroverlag erschienen

Harald Havas
Kurioses Wien
ISBN 978-3-99300-000-4
€ 19,90

Dank gebührt vielen Anregern, Gesprächspartnern, dem oftmals unfassbar passgenauen Faktor Zufall sowie insbesondere Dr. Christian Blankenstein für die Idee und viele Informationen zu den Kapiteln über die Wiener Rettung und Franz X. Wurm, entnommen seinem Buch „Vergessen, verkannt, verfemt", sowie Andreas Beer für seine Insiderinformationen über die Pramergasse!

Bildnachweis:
Archiv des Verlags: S. 11, 21, 32, 40, 53, 57, 61, 72, 77, 87, 99, 110, 116, 130, 141, 148, 161, 172, 179, 184
Siver Screen Records: S. 16
Egmont Falog: S. 125
Disney Studios: S. 137
Wiener Linien: S. 45
Harald Havas: S. 25, 96

© 2011 Metroverlag
Verlagsbüro W. GmbH
www.metroverlag.at
Alle Rechte vorbehalten
Gesamtherstellung: CPI Moravia Books Gmbh
Printed in the EU
ISBN 978-3-99300-034-9